ON N'EST PAS K.-O. !

Du même auteur

2004 : *1984-2004, On remet ça !*, avec Michel Hidalgo, préface de Michel Platini (Albin Michel)

2009 : *Gerets par Gerets* avec Thierry Agnello (Hugo et Cie)

2010 : *Y a du boulot pour les jeunes*, préface Claude Bébéar, Jean-René Fourtou, Henri Lachmann (Le Rocher)

2010 : *Thierry Henry, la main maudite* avec Hervé Gallet (Le Rocher)

2011 : *PSG-OM, on remet ça !* (Hugo et Cie)

2012 : *Mes bien chers frères* avec Roberto Cristofoli (Le Rocher)

2012 : *Les Carnets secrets de Michel Hidalgo*, préface Marius Trésor (Hugo et Cie)

2016 : *Ma ville ma bataille : la politique c'est ici*, préface Gérard Larcher (Balland)

2018 : *Rendre possible l'impossible* avec Arnaud Bochurberg, préface Emmanuel Macron (Balland)

2021 : *Poissy, au fil de l'eau* avec Élisabeth Tran-Mignard et Alain Van Coppenolle, préface Catherine Lara (Archibooks)

2022 : *Ce beau pays qui est le mien*, préface posthume Bernard Tapie (Balland)

Citation et dédicace

« *La France est une passion constitutive de mon existence !* »

Karl Olive

À Vincent-Richard Bloch,
semeur du parler-vrai…

SOMMAIRE

TROISIÈME PARTIE
20 idées pour faire avancer la France

Introduction

J'ai été élu maire de Poissy pour la première fois en 2014. Au premier tour. Je n'étais pas prédestiné à faire de la politique, n'ayant fréquenté ni Sciences Po ni l'ENA. Mon parcours – de sportif, responsable associatif, journaliste, entrepreneur – ne m'avait pas préparé à cela. Et pourtant, je me suis tout de suite senti comme un poisson dans l'eau. Même si j'ai réalisé que j'étais entouré de crocodiles dans un marigot. J'ai appris, j'ai fait des erreurs, et je m'en suis nourri. J'ai fait de bonnes choses et j'ai eu envie de les partager. « *Seul on va plus vite, ensemble on va plus loin* », dit un proverbe africain dont j'ai fait ma devise. Parce que j'ai rencontré des gens formidables à tous les niveaux : des élus locaux dévoués et engagés ; des fonctionnaires qui ne comptent ni leur temps ni leur énergie ; des responsables politiques soucieux de l'intérêt général. Et surtout des gens, mes administrés, « mes habitants », qui m'ont accordé leur confiance et que je ne veux surtout pas décevoir.

« *La politique, c'est l'art de rendre possible ce qui est nécessaire* », disait Jacques Chirac en s'inspirant du cardinal de Richelieu. C'est ce à quoi je m'applique depuis que je suis engagé en politique. Avec souvent le sentiment de ramer à contre-courant : l'impuissance politique est en train de contaminer notre pays, du sommet jusqu'à l'échelon le plus modeste, celui du maire.

Cet ouvrage raconte comment je me suis construit, dans ma ville de Poissy, entre la cité de la Coudraie où j'ai passé mon enfance et l'hôtel de ville qui m'a ouvert ses portes en 2014. Comment, élu maire à deux reprises (62 % et 75 % au premier tour) en 2014 et 2020, puis député en 2022 et 2024, j'ai appliqué la méthode KO, qui repose sur deux piliers : miroir et service, savoir-faire et faire-savoir. Sans rien attendre de l'État. En plaçant l'humain au cœur de nos organisations, avec une liberté de pensée, de ton et d'expression sans concession, en n'hésitant pas à dire tout haut ce que finalement la grande majorité pense tout bas. Et en travaillant main dans la main avec des partenaires publics et privés : la préfecture, le Département, la Région, l'intercommunalité, le tissu économique et associatif… et les habitants. Seul, on va plus vite, ensemble, on va plus loin. Enfin, cet ouvrage relate vingt initiatives que nous avons prises à Poissy, en équipe, à l'écoute des administrés, qui ont fait la preuve de leur efficacité, et qui pourraient être exportées sur d'autres territoires.

Voici le parcours d'un citoyen ordinaire devenu élu non ordinaire de la République. J'ai fait bouger Poissy, on peut faire bouger la France. Tous ensemble, qu'on se le dise, on n'est pas K.-O. !

PREMIÈRE PARTIE

DU CITOYEN ORDINAIRE À L'ÉLU NON ORDINAIRE DE LA RÉPUBLIQUE…

Un vendredi d'hiver, après les cours, à la fin de l'année 1986. La proviseure du lycée Le Corbusier de Poissy me « convoque » dans son bureau. Une première pour moi. Je n'en connais pas la raison, mais en général, quand on est appelé par le secrétariat de la directrice, ce n'est pas pour réciter son horoscope à madame Gilles ou lui fredonner « Quand la musique est bonne » ou « Je te donne » de Jean-Jacques Goldmann, l'idole des jeunes de l'époque. Non, les détours au rez-de-chaussée de l'immeuble de la rue de Villiers, c'est du très sérieux. Certains de mes copains s'en souviennent encore. La personnalité et l'autorité naturelle de ce petit bout de femme de bientôt 65 ans – quelque peu bossue, toujours élégante – donne une solennité certaine à chacune des entrevues officielles auxquelles ses « enfants » sont conviés. Lise Gilles aime ses élèves – le lycée en compte mille deux cents à l'époque –, et ses élèves le lui rendent bien. Elle est juste. Dure, mais juste. Le délégué de classe que je suis (depuis la cinquième sans discontinuer) peut en témoigner tous les trimestres au moment des conseils de classe qui passent en revue les carnets de notes de chacun d'entre nous.

Je n'imagine pas ce soir-là à quel point ce rendez-vous va changer ma vie.

Madame Gilles veut bavarder, et parler d'avenir. Pas celui de la France ni du sien, alors que l'heure de sa retraite va sonner. Non, du mien. Elle sait que six mois plus tard je passe le bac. L'orientation est déterminante. La mienne est actée depuis mon année de troisième. Je serai instituteur. L'École normale, les concours et l'enseignement en classe primaire. Tout cela est écrit. Nous en parlons souvent avec ma petite maman, elle qui se souvient de sa première institutrice dans son école communale de Spézet en 1938, au lieu-dit Kergoniou, dans le centre-est de la Bretagne. Une héroïne de l'enseignement et de l'éducation. Comme je me souviens moi aussi de madame Taccard, monsieur Hochedez, mademoiselle Prévot, madame Truchit, madame Bories, professeurs modèles de mon enfance.

Les employés du centre d'information et d'orientation du « Corbu » ont fini de me convaincre en classe de troisième, avec les fameuses fiches en bristol bleu marine et orange foncé. « Tu seras instituteur ! »

« *C'est une belle idée, cher Karl, un noble métier*, avance Lise Gilles. *Mais je crains que vous ne soyez très vite à l'étroit comme instituteur, vous qui êtes toujours en mouvement et en ébullition devant un public. La communication, l'animation, la présentation vous iraient comme un gant. Vous devriez faire de la télévision. Il existe des universités remarquables dans ce domaine. Mais, surtout, continuez à aimer les gens. Cela transpire de partout chez vous. Et aimer les gens ne s'apprend pas dans le dictionnaire.* »

Voilà comment, six mois plus tard, le bac en poche, je me trouve dans la file d'attente pour mon inscription à Paris 1-Tolbiac. À l'époque, pas de Parcoursup, seulement de l'huile de coude : premier arrivé, premier servi. Après quatre heures d'attente, pas de chance, plus aucune place n'est disponible pour le Deug « Art et communication ». Un enseignant me conseille alors de prendre la direction de Saint-Denis, université Paris 8, qui « pâtit » d'une mauvaise image alors que le contenu de l'enseignement est remarquable. « *Si votre truc, c'est l'animation, alors vous ne serez pas déçu !* » Il avait raison. À dire vrai, on ne se bouscule pas au portillon à Saint-Denis. Je n'ai aucune difficulté à m'inscrire en filière « Éducation, communication, animation »…

Du journalisme à la politique : de Canal+ à la mairie de Poissy et à l'Assemblée

Près de quarante ans après les conseils de ma proviseure, ceux qui me connaissent et me fréquentent me décrivent comme tel : « *KO aime les gens !* » C'est ma plus grande fierté. Oui, j'aime les gens. Eh oui, aimer les gens ne s'apprend pas et ne s'apprendra jamais dans le dictionnaire. Je n'ai toujours pris que le bon chez l'autre. Avec la faiblesse de penser qu'entre « l'infiniment grand » et « l'infiniment petit » de Pascal, le bon prend largement le pas sur le mauvais. Rien que le bon. En occultant le reste. Il y a déjà tellement à faire avec le bon ! Une pensée positive, sûrement héritée d'une jeunesse passée au sein d'une famille nombreuse de six enfants, éduqués dans un quartier populaire de Poissy où le quotidien avec les copains et les familles des barres d'immeubles complète largement les heures passées en classe. La passion du terrain et un fort penchant naturel pour les relations humaines sont sûrement nés des centaines de parties de foot disputées à deux pas des cages d'escalier avec mes frères et ma sœur. Dans notre tour de onze étages, on voyageait, d'un bâtiment à l'autre, au royaume des saveurs. Entre le couscous de la famille Fati, la paella des Carreras, les pattes de la mamma Algerino les jeudis et les crêpes de ma petite maman bretonne, les semaines étaient aussi enchanteresses que parfumées. Et la mixité sociale aux premières loges. Le contact « au sol » et les fruits qui naissent de ces racines ont facilité la proximité que j'ai toujours ancrée dans ma construction personnelle et professionnelle. En tant que journaliste, chef d'entreprise et aujourd'hui élu de terrain, maire de 2014 à 2022, député depuis 2022, réélu en 2024, après la dissolution.

L'enfant du village

Il faut dire que Poissy, c'est ma ville. À l'âge de 13 ans, tous les samedis après la cantine au collège (à cette époque où l'on avait classe le mercredi et le samedi, et où personne ne se plaignait des rythmes scolaires), je « parle » dans le micro, dans une émission de la radio locale de Poissy. « *Turbo FM, la radio qui vous aime !* » Tous les samedis donc, entre 14 et 16 heures, c'est *Un jour en colonie*. Deux heures en direct avec des auditeurs en herbe. Idéal pour se faire la main, poser sa voix. Trouver sa voie aussi. Mes prises de parole en public ont démarré là. Mon premier papier radio sur un match de football également. Le 31 janvier 1982, un dimanche très précisément, au cours du journal de midi, le rédacteur en chef, Marc Florant, me passe la main pour le résumé en direct d'un certain PSG-Strasbourg. Le PSG s'est imposé (2-1) : les buteurs se nomment Šurjak et Rocheteau pour Paris, Piasecki pour Strasbourg. Les spécialistes apprécieront... J'ai encore ce reportage en mémoire. Les copains et les copines écoutent. Turbo FM est une radio communiste. Les adultes me le font savoir, je l'ignorais. Je m'en contre-fiche. Pour moi les communistes, c'est Georges Marchais, et j'adore les colères de Georges Marchais. Elle aurait pu être de droite, de gauche, du centre... C'est l'époque des radios libres. Et je suis libre. Plus tard, à 18 ans – après les cours à la fac –, comme jeune correspondant au journal *Paris-Poissy*, émanation du groupe Paris-Normandie, j'ai la chance de suivre les conseils municipaux de la ville, dont je balbutie des comptes-rendus pour ma rédaction. Et je note déjà quelques fourberies à la Scapin qui échappent aux non-avertis. En ce temps-là, les conseils se poursuivent en franche rigolade dans les restaurants du coin. Et parfois les mêmes qui se sont « piqués » vertement pendant deux heures dans l'arène démocratique profitent de ces agapes pour décompresser ensemble. La paix des braves. Comme à la buvette de l'Assemblée nationale aujourd'hui...

Avant, pendant et après les conseils municipaux mensuels, je côtoie tous les acteurs qui y assistent : élus, agents municipaux, chefs de service, spectateurs... Non seulement ils me parlent, mais la plupart me filent quelques tuyaux pour les articles. Le pouvoir de la presse, déjà. Une complicité s'est instaurée avec les uns et les autres. En toute simplicité. Naturellement. Et certains sont devenus mes amis.

L'aventure à Yvelines Première, à partir de 1989, a consolidé plus encore ces liens avec les Pisciacais. Michel Péricard, le député-maire de Saint-Germain-en-Laye, ancien journaliste-présentateur, a imaginé un concept très simple et terriblement efficace pour ce programme local de proximité qui voit le jour : « *Je veux une télévision locale faite par les locaux !* » Du cousu main pour qui veut apprendre le métier sur le terrain. Je me souviens encore des mots du président fondateur, un mois avant son lancement, alors que je le rencontre à Lille dans une émission télé, *Cherchez la France*, où je suis stagiaire bénévole : « *Tu ne seras pas beaucoup payé, mais tu feras ce que tu voudras.* » Le 18 décembre 1989, au lancement d'Yvelines Première, je fais ma première télé avec en sujet d'ouverture « Les 20 ans du Judo

Ju-Jitsu Club de Poissy ». Deux ans après le changement d'orientation scolaire suggéré par madame Gilles !

Je démarre pigiste aux sports (en parallèle avec mes études de relations humaines et politiques à Paris 8-Saint-Denis), puis deviens rédacteur reporter. Je commence tôt, je finis tard. Toujours frais et à la disposition de Claude Lefèvre, mon premier directeur d'antenne, ancien cadre de l'ORTF. Je n'ai jamais l'impression de bosser sept jours sur sept dans cette aventure initiatique qui dure onze ans. En 1994, Michel Péricard me « convoque » dans son bureau à l'Assemblée nationale.

« *Que voulez-vous faire plus tard ?*

– *Prendre votre place, monsieur !*

– *Eh bien, commencez par prendre la direction d'Yvelines Première ! Vous êtes toujours disponible et positif* (sic)*, ça me plaît. Un conseil, sachez toujours que vous ne savez pas !* »

Je n'ai pas fait de grandes études sur les bancs de grandes écoles, j'ai étudié comme un acharné sur le terrain, jour et nuit. Toujours heureux et passionné. Itinéraire d'un citoyen ordinaire ! Je n'étais pas programmé pour devenir directeur d'Yvelines Première. Je le suis devenu. J'y ai toujours cru. Toujours. Et j'y crois encore. L'apprentissage du métier, les plateaux en situation, les présentations d'émissions par centaines... De l'alternance avant l'heure, et une connaissance accrue et affinée des problématiques de notre territoire local. Avec un attrait partisan et assumé pour Poissy. Ma ville. Et aussi pour le PSG, dont le camp d'entraînement au stade Georges-Lefèvre à Saint-Germain-en-Laye est devenu un rendez-vous incontournable pour notre émission phare, *PSG, côté coulisses*. Une mensuelle depuis les vestiaires des pros (ce serait impossible aujourd'hui) que nous avons façonnée avec mon ami d'enfance Marc-Olivier Taccard. C'est ainsi que je fais la connaissance de Michel Denisot, président du club, et de sa « *dream team* » : Moutier, Guérin, Fournier, Raï, Kombouaré, Ginola, Leonardo, Weah,

Roche, Valdo, Algerino, Fernandez, Lama… Ces années 1990 défilent aussi vite que la frappe victorieuse de Ngotty en finale de la Coupe d'Europe des vainqueurs de coupe à Bruxelles en 1996. Aujourd'hui encore, nous sommes en contact les uns avec les autres. La bande de potes n'a pas pris une ride.

Le sport en général, le football en particulier, une religion

Chez les « Olive », le football est une religion. Mes quatre frères ont porté le maillot de l'AS Poissy. Ma sœur a démarré à la Jeunesse sportive féminine de Poissy avant de connaître les joies de l'équipe de France, les fonctions de secrétaire puis de vice-présidente de la Fédération française de football, avant le graal à la présidence du Comité national olympique et sportif français. Mon père a longtemps été dirigeant à l'AS Poissy. Kentin et Hugo, deux de mes trois garçons, ont également porté le jaune et bleu de la ville de Saint-Louis, et Kentin est devenu directeur général du club. Quant à Paco, le troisième, vu son attirance pour les ballons, j'ai bon espoir qu'il enfile la tunique, au grand désarroi de mon épouse. Quant à moi, après avoir été joueur à l'AS Poissy en pupilles (j'avais été recruté à l'issue d'un tournoi inter-quartiers), puis en cadets nationaux au Paris-Saint-Germain, également jeune arbitre officiel de la Fédération française de football, je suis devenu président du club de Poissy entre 2004 et 2008 (après avoir été joueur-président à Chatou entre 1997 et 2004). Aujourd'hui encore, j'ai une licence comme joueur au centre hospitalier intercommunal de Poissy, en championnat d'entreprise. Et je suis membre (depuis 2004) et président (depuis 2022) du Variétés Club de France, cher à Jacques Vendroux et aux regrettés Thierry Roland et Thierry Gilardi, qui m'ont tant apporté professionnellement. Les samedis ou dimanches après-midi, nous tapons le ballon tous ensemble. Par plaisir et bonheur de se retrouver entre amis. Rien de plus. J'ai une profonde conviction : le sport est l'écrin de notre mosaïque citoyenne. Au-delà des vertus sanitaires qu'il procure, c'est un véritable catalyseur social, calque de notre beau pays, où la mixité n'est ni un faire-valoir ni une figure imposée. Elle est naturelle. Dans nos tuniques, pas de discrimination entre un Black, un Blanc, un Beur, un cadre, un ouvrier, un chômeur… Et puis le sport, c'est le lieu même où le respect des règles du jeu ne se discute pas, ni au fil des années, encore moins au gré du vent. Les récents Jeux olympiques de Paris, en cet été 2024, ont confirmé cette alchimie du bonheur, de l'envie, du rassemblement. Du pouvoir du sport à vivre ensemble, que je décrivais en février 2022 dans le rapport d'État « Faire nation par le sport ». Oui, je me félicite chaque jour d'être issu du monde du sport. Qui plus est d'un sport collectif. Quel gain de temps et d'efficacité dans l'exercice de mes fonctions d'élu ! Dans le sport, c'est la règle qui prévaut. Au moment même où nous signons notre première licence, nous respectons les règles. Nous nous respectons entre joueurs. Nous respectons l'entraîneur. Nous pouvons ne pas être d'accord avec ses choix, nous les discutons à l'entraînement ou dans le vestiaire. Mais, les jours de match, nous appliquons ses consignes et sommes jugés au résultat. Nous portons le même maillot, nous allons dans le même sens, nous ne jouons jamais contre notre camp. Nous perdons ensemble. Nous gagnons ensemble. Il y a l'avant-match et l'après-match. Si je n'ai pas toujours été l'homme du match sur le terrain, j'ai toujours donné le meilleur de moi-même, comme dans tous mes engagements. Et j'ai rarement été le plus mauvais lors des troisièmes mi-temps. C'est aussi cela, le sport. Des partages, des échanges, des rencontres. Et pour nos jeunes, un moyen d'expression à nul autre pareil. Et quand on est au sport, on n'est pas ailleurs… La ville de Poissy compte quarante mille habitants. Et recense près de dix mille adeptes de sport, en compétition ou en loisir. Individuellement ou par équipe, seul ou en famille. Un quart de notre population. Quel bonheur de côtoyer tous ces passionnés, jeunes et moins jeunes, sur les terrains, dans les stades, dans les gymnases. Un clin d'œil, un bonjour, un sourire pendant les footings ou les marches familiales en forêt. Le bonheur, tout simplement. Le sport a toujours été un passeur d'ondes positives. Il fallait les voir, les douze mille spectateurs de Poissy, au moment du passage de la flamme olympique dans les rues de la ville le 23 juillet 2024. Un parfum de Libération, nous ont confié nos anciens. Le sport a grandement façonné ma personnalité. Et a naturellement enrichi et facilité cette relation de proximité avec les Pisciacais.

Canal+, *the place to be !*

Un jour de 2008, bureau du nouveau sous-préfet de Saint-Germain-en-Laye, Yannick Imbert. Autour d'un café, celui-ci me fait une confidence pour le moins inattendue : « *Est-ce que vous avez conscience qu'avec la notoriété que vous avez avec le foot à Poissy, la ville pourrait vous appartenir ?* » Je ne m'attends pas à cette remarque. Je n'ai jamais eu une telle pensée dans ma démarche. Au-delà de toutes les interprétations possibles, je savoure l'écho laudateur de monsieur le sous-préfet, écho qui dépasse les frontières de la commune. Ça titille. Mais la politique n'est pas à l'ordre du jour. Pas encore… En cette année 2008, je sors d'une aventure de presque dix années avec le groupe Canal+. Comme pigiste, comme responsable du planning général, comme directeur de la rédaction et directeur des programmes. Dix années exceptionnelles aux côtés de celui avec lequel je rêve de travailler depuis môme, quand je l'écoutais ou venais le voir tôt à RTL avant les cours : Michel Denisot. Depuis mon arrivée comme homme de terrain pour les matches de football de Division 1 en 1998, je sens bien que Michel me teste, l'air de rien. Comme il sait le faire. Notre complicité dépasse le PSG et les blagues à l'emporte-pièce qui me font systématiquement chavirer. Je suis un bosseur, j'aime ça et j'en redemande, tellement je croque ce métier à pleines dents. Quand on aime le sport et le journalisme, c'est Canal ! Et nulle part ailleurs ! C'est ma conviction de l'époque. À 7 h 15, tous les matins, on n'est pas très nombreux à la rédac. Mais je veux toujours être « le premier à dire bonjour » à mes collègues (c'est ce que je préconise dans mes formations sur la gestion et l'organisation du temps). Avec le sourire, toujours. Travail, talent, réussite : de ce que j'ai su plus tard, ce naturel positif et cette loyauté inaliénable ont plu à Denisot. Je n'étais pas fait pour devenir directeur des sports de la plus importante et de la plus brillante rédaction des sports d'Europe à l'époque. Je suis un citoyen ordinaire. Je suis devenu directeur. Parce que j'y ai toujours cru.

« *Tes décisions sont les miennes, Michel, et les miennes sont les tiennes !* » lui suggéré-je comme préalable au moment où il me donne « les clés du parking » (*sic*) : la direction des sports. Jamais une engueulade avec celui que tout le monde appelle « le patron ».

Tout roule. Jamais nous ne sommes mis en porte-à-faux par l'équipe. Nous dirigeons la plus grande rédaction d'Europe avec les meilleurs journalistes de la place de Paris. On se dit tout, le bien et le moins bien. Le bon et le mauvais (et cela nous arrive). Mais on avance. Toujours. Avec la même envie et la même détermination. Ma première action : réunir l'ensemble du service des sports moins d'une semaine après ma nomination pour un rappel des règles, préalable de tout bon fonctionnement collectif. Plus d'une centaine de rédacteurs reporters, producteurs, réalisateurs, monteurs d'images, journalistes reporters d'images, administratifs… Il ne manque aucune pièce à cet extraordinaire puzzle de Canal+. Deux heures d'entretien, d'écoute et d'échanges pour expliquer ma vision du sport à l'antenne et recueillir les suggestions pour améliorer notre offre aux abonnés. Avec un triptyque à la clé : anticiper, respecter, travailler. Tout un ART ! Chacun excelle dans son métier. Mais rien ne nous empêche de nous remettre en question chaque jour. Dans ce domaine, il en est un qui sait de quoi il parle. Il fait l'unanimité quand il débarque en rédaction après un nouveau titre de champion olympique. David Douillet rejoint l'équipe de Canal+ deux ans après son sacre olympique à Sydney en 2000. Et il me revient de l'accueillir au bureau au moment où il démarre sa nouvelle aventure professionnelle de consultant pour le groupe. Le « Grand » nous impressionne par sa carrière d'exception. Celle des titres, des exploits qui l'envoyèrent à jamais au panthéon du sport français. Mais il nous impressionne tout autant par sa capacité à se fondre dans le service. Comme un débutant stagiaire. Avec passion et humilité. Sans brûler les étapes. Nés la même année, nous ne mettons pas longtemps à devenir de joyeux complices. Comme nous le sommes toujours aujourd'hui sur d'autres terrains… Le David ancien député et ancien ministre reste le même que le David champion olympique et consultant que j'ai connu en 2002. Un compétiteur-né qui ne se nourrit que de victoires.

Que retenir de ces deux expériences à Yvelines Première et Canal+ ? Vingt années de journalisme, de carte de presse, de terrain, de vie publique, de reportages et de commentaires de matches. Un bagage, des déplacements extraordinaires, des rencontres inoubliables…

Quatre exemples.

Printemps 1987. Camp des Loges à Saint-Germain-en-laye. Comme je le fais régulièrement, je vais voir les professionnels du PSG s'entraîner. Quatre kilomètres séparent l'appartement familial de Poissy du club yvelinois. Je range mon scooter à côté des BMW des joueurs de l'époque. Ce jour-là, je suis étonné de voir Didier Roustan, présentateur de *Téléfoot* sur TF1, taper le cuir avec les Fernandez, Susic, Bats, Simba. Un journaliste au milieu des stars, comme si de rien n'était. Ça n'arrive jamais. Mais avec le président Francis Borelli, tout est possible. Une autre époque. Il faut dire que Didier Roustan sait taper le ballon depuis sa formation à l'AS Cannes. Et pour moi, c'est attraper la balle au bond. Je veux devenir journaliste et je tiens là une des références dans le domaine. « C'est la chance de ta vie, mon pote ! » Je me le répète sans cesse tout au long de la séance derrière le grillage. Quand il rentre aux vestiaires, j'ose, j'interpelle Roustan en lui rappelant le magnifique reportage de trente minutes qu'il avait réalisé sur l'épopée des Bleus de Platini et Hidalgo, trois ans plus tôt, en 1984, diffusé au lendemain de la finale France-Espagne. Je connais le reportage dans tous ses détails. « *Monsieur, m'autoriseriez-vous à venir vous rendre visite à Paris pour vous poser quelques questions ?* » Le présentateur accepte. « *Appelle Sylvaine.* » (Sylvaine Mignogna, son assistante.) Je suis dans tous mes états. Un mois plus tard, je me présente rue Cognacq-Jay, à Paris, dans les locaux de la Une. Je suis en costume, stressé, je n'ai pas dormi de la nuit en pensant à ce rendez-vous. Didier me reçoit dans son bureau, bien bordélisé ! Dans mes bagages, je lui ai préparé un cadeau. Un 33-tours de Gilberto Gil avec son standard

« Toda menina baiana ». Je sais qu'il adore la musique brésilienne. C'est ce tube qu'il a intégré dans son résumé de France-Belgique (5-0) en 1984. « On a retrouvé le petit Brésil », avait-il lancé à l'époque. Didier est touché par mon attention, je le vois. Il me fait visiter la rédaction et me présente ses collègues journalistes. Martin Tzara, Frédéric Jaillant et… un jeune débutant de 23 ans, un certain Pascal Praud. Je vis un rêve éveillé. Avec un culot non dissimulé, je demande aux journalistes pourquoi on ne parle jamais de football féminin dans *Téléfoot*. « Viens le dimanche, et si tu veux, en fin d'émission, tu me montreras les résultats du championnat de France féminin. Je les annoncerai à l'antenne. » J'ai passé bien des dimanches matin à Cognac-Jay pour quelques secondes en fin d'émission. Toutefois, j'étais en immersion totale. J'ai convaincu Didier par la suite de faire un sujet sur un match international féminin à Toulouse. J'ai accompagné Martin Tzara tout au long des deux jours de déplacement. À mes frais ! Mais j'étais tellement heureux. Mon premier reportage de journaliste si l'on peut dire. Je suis sorti convaincu que je voulais faire ce métier. Didier est devenu un ami et on ne s'est plus quittés, comme Sylvaine. Quant à Pascal Praud, je l'ai retrouvé quelque vingt ans plus tard dans les studios de RTL. Avec la même culture générale, la même liberté d'expression et la même fidélité en amitié.

Mars 1993. Je suis rédacteur reporter à Yvelines Première. Le site de production Peugeot à Poissy fabrique un nouveau modèle, le cabriolet 306. Son lancement international est organisé en Jordanie. Nous y sommes invités en locaux de l'étape. Avec Erwan Jagut, mon ami journaliste reporter d'images (JRI), – je vais vivre une aventure inoubliable de trois jours avec en point d'orgue la visite de la cité nabatéenne de Pétra, classée au patrimoine de l'Unesco. Ce jour-là, je suis redevenu poussière devant l'immensité d'un des plus beaux joyaux de l'humanité. Je me souviens d'y avoir versé de belles larmes d'émotion. Yvelines Première, c'était ça ! De votre quartier au monde entier.

Mai 1996, Bruxelles, dans la délégation du Paris-Saint-Germain pour la finale de la Coupe d'Europe des vainqueurs de coupe. Tout démarre le matin même du match. Michel Denisot, le président du club, jamais à court de belles idées, a pris l'habitude d'organiser des rencontres amicales entre journalistes et une délégation du PSG composée des dirigeants, personnalités et membres du club. À chaque déplacement, nous avons le droit, grâce à Michel, à ces levers de rideau, ponctués par un bon repas collégial dans la foulée : Liverpool, Göteborg, Vaduz… Pour la finale, le plateau est exquis : Noah, Bruel et le regretté Gilardi en sont. Avec mon acolyte et ami très proche Marco Taccard, tous deux d'Yvelines Première, je fais partie des rares journalistes à jouer au football régulièrement en club. Nous n'avons pas de mérite à nous illustrer. Ce jour-là, notre *team* de journalistes l'emporte 2-1 avec un très beau but de Marco. Michel Denisot n'arbitrait pas. C'était pourtant son habitude. Et on a rarement gagné quand il était au sifflet. Denisot assumait sa malhonnêteté arbitrale légendaire, qu'il incarnait sourire aux lèvres. « *Désolé* », nous lançait-il à chaque fin de match. Avec le ton qui en a fait sa marque !

Juillet 2010. Un bond dans le temps. Un vol de onze heures. Un souvenir pour l'éternité. Direction l'Afrique du Sud. Coupe du monde de football. Je suis rédacteur en chef sur le site de Johannesburg, avec la complicité de mon amie Lise Cosimi, pour délivrer des émissions tout au long de la compétition. Là encore une des émotions de ma vie. Avec notamment la visite à vélo, toute une journée, seul, du ghetto de Soweto, avec des centaines de stylos dans mon sac à dos. Je me souviens encore de ces petites bouilles qui venaient m'embrasser par dizaines… et qui me pinçaient. Ces bambins sud-africains n'avaient jamais vu de Blanc ! Et que dire de ce soir de la finale Espagne-Pays-Bas (1-0). Quelques minutes avant le coup d'envoi, dans le froid hivernal de Soccer

City, débarque dans une voiturette de golf un vieux monsieur emmitouflé... Nelson Mandela. Ce sera sa dernière visite. Les quelque cent mille spectateurs soufflent dans leurs vuvuzelas pour acclamer le dieu vivant qu'est Madiba. Je suis à vingt mètres de lui. J'en frissonne encore quinze ans plus tard. Il me revient l'une de ses citations, que je garde en bandoulière : « *Personne ne naît en haïssant une autre personne à cause de la couleur de sa peau, de son passé ou de sa religion. Les gens doivent apprendre à haïr, et s'ils peuvent apprendre à haïr, ils peuvent être enseignés à aimer, car l'amour vient plus naturellement au cœur humain que son opposé !* »

Ces années de journalisme ont façonné mon avenir.

Et puis, il y a la bascule dans un tout autre univers. Cette chose publique qui vous attire comme un aimant. Un nouveau cap. Il s'agit de donner un sens à son existence, d'être acteur de sa vie plutôt que spectateur de celle des autres. Moins d'antenne, moins de contact avec le terrain professionnel m'ont incité, tout naturellement, à écrire une nouvelle page. Le premier à l'avoir compris, c'est bien Alexandre Bompard, le successeur de Michel Denisot au service des sports. La fulgurance d'esprit de celui qui avait officié au cabinet de François Fillon quand il fut ministre du Travail m'a particulièrement marqué. Quand je m'ouvre à lui pour dire que je vais quitter Canal pour m'engager dans l'action locale, il m'y encourage sans état d'âme, me conseillant de développer parallèlement les formations de *media training*, de prise de parole en public, dont il me sait friand et pour lesquelles il est prêt à m'ouvrir son réseau pour me lancer. Et surtout pour garder un pied dans la société civile. Leçon retenue.

Je me souviens de ce jour de juin 2007 où j'ai définitivement validé mon départ de Canal+ en envoyant un mail à la direction. C'était parti. Le grand saut dans le vide. Pas pour longtemps, puisque deux jours plus tard Bertrand Meheut, PDG de Canal+, m'appelle en me suggérant de téléphoner à

Jean-René Fourtou. Le président du conseil de surveillance de Vivendi me propose alors de devenir à partir de septembre le directeur d'un club privé, modèle club anglais, réservé aux amoureux du rugby, en plein cœur de Paris : les « Amis des Barbarians », devenu en 2010 le « Rugby Club ». « *Je vous ai vu bosser à Canal, vous allez être comme un poisson dans l'eau et ça ne vous empêchera pas de faire de la politique, il n'y aura pas de mélange des genres avec le journalisme* », m'annonce Jean-René Fourtou. Mon entretien d'embauche me conduit tour à tour vers Henri Lachmann, président du conseil de surveillance de Schneider Electric, Claude Bébéar, fondateur du groupe Axa, et enfin le regretté Serge Kampf, fondateur de Capgemini. Quatre « éléphants » rencontrés individuellement dans la même journée. Ça marque son homme ! Et je le redis : les plus grands sont les plus simples. Je pense à Jean-Laurent Granier, l'actuel président du Rugby Club, PDG de Generali, lui aussi de la même veine.

Je n'étais pas programmé pour être directeur du Rugby Club, l'un des plus gros réseaux de la place de Paris. Je le suis devenu. Par passion, par envie. Parce que j'y ai toujours cru.

De 2007 à 2014, je côtoie donc au 61, avenue Hoche, puis au 166, boulevard Haussmann, siège de cette association, le gratin de l'ovalie et de l'entreprise. Jean-Pierre Rives, le regretté Jean-Pierre Bastiat, Gérard Cholley, héros du premier grand chelem de 1977. Entre tapas et grands crus, Serge Blanco, le Platini du rugby, raconte comment un soir, en Nouvelle-Zélande, alors que le XV de France s'était qualifié en finale de la Coupe du monde, Serge Kampf, grand argentier au cœur d'or, avait décidé de le récompenser en lui offrant une montre de collection. Blanco lui répondit tout de go : « *Je suis capitaine, cher Serge, mais tous mes camarades ont pédalé comme moi pendant la compétition. Je ne suis rien sans eux. Je n'accepterai votre montre que si vous leur en offrez une également.* » Quelques semaines plus tard, tous les joueurs et membres de la délégation tricolore recevaient leur tocante personnalisée à domicile… Deux cent cinquante membres se relaient toute l'année au Rugby Club, d'horizons et de cultures totalement différents : le chef cuisinier Guy Savoy, Max Guazzini, Michel Leeb, Christophe Dominici, Abdelatif Benazzi, Gérald Dahan, les présidents du Top 14. S'y font et s'y défont beaucoup de choses… C'est ici par exemple que se réunit la commission Attali pour la libération de la croissance française en 2008. Avec un jeune premier de 30 ans, un certain Emmanuel Macron, qui détonne aux côtés des tempes grises qu'il accompagne ! Pendant sept ans, je me retrouve au cœur d'une centrifugeuse. La gestion d'un établissement de restauration, la conduite de réunions, l'animation des soirées des fondateurs, la rédaction de business plans, l'accueil de lords anglais le jour de la finale de la Coupe du monde en 2007… Une aventure professionnelle incroyable. Et toujours la bienveillance des plus grands ! Le vaillant Jean-Pierre Rives ne cessait de dire : « *Le rugby, c'est l'histoire d'un ballon avec des copains autour et, quand il n'y a plus de ballon, il reste les copains.* » Le Rugby Club, c'est exactement ça !

Dynamisé par cette expérience au Rugby Club, je peux m'investir pleinement et sereinement dans la vie de ma cité.

Les élections municipales de 2008 à Poissy vont bousculer cet apprentissage tranquillement planifié et lui donner un coup d'accélérateur totalement inattendu. Je m'arrête précisément sur cette séquence, car elle explique dans le détail mon ADN et l'engagement d'une vie. Pour ma ville, pour mon pays. Et puis, en 2026 auront lieu de nouvelles élections municipales. Voici, par le menu, les coulisses d'une conquête anticipée, préparée et mûrie, qui mènent aux victoires électorales. Et qui pourraient faire école !

Poissy, 2008 donc. Le déclic. Tout commence en décembre 2007. Jacques Masdeu-Arus, député-maire (UMP) de

Poissy depuis 1983, prépare sa nouvelle candidature aux élections municipales. Il souhaite intégrer dans son équipe de nouveaux visages. Il me le fait savoir au cours d'un déjeuner avec l'un de mes amis, Philippe Gros, directeur des sports de la ville à l'époque. J'ai alors 38 ans et le club de l'AS Poissy Football, dont je suis président depuis 2004, se porte bien. Tant au niveau des résultats d'ensemble, de sa santé financière que de la formation des jeunes, notre priorité. En 2006, par exemple, nous avons remporté la Coupe de Paris, l'équivalent de la Coupe de France régionale. Ça n'est plus arrivé à Poissy depuis vingt ans. Les actions citoyennes que nous organisons les jours de match entre quartiers, les stages spécifiques de gardiens de but ou encore le partenariat avec l'AS Saint-Étienne véhiculent une image très positive pour la ville. Je ne tombe donc pas à la renverse quand Jacques Masdeu-Arus me propose d'être colistier en 2008, en tant que simple conseiller municipal... Je refuse poliment en lui expliquant mes deux motifs principaux. Mes expériences nationales dans le sport me confèrent (en toute humilité) une certaine légitimité, qui doit, me semble-t-il, me permettre d'être au moins conseiller municipal délégué à Poissy, c'est-à-dire dans la capacité d'agir pour le sport. Et non pas d'en être un simple spectateur éclairé. Et puis, après trois mandats, ce n'est pas 20 % de l'équipe qu'il faut changer, mais 80 %. Ce n'est pas l'idée du maire en place, que je respecte beaucoup. Je n'ai pas à contester son choix. Et cela ne change en rien nos relations amicales. À tel point qu'un mois plus tard j'accepte de devenir président de son comité de soutien. Par fidélité. Je lui dois bien ça. Pendant quatre ans, il m'a laissé présider ce club en toute liberté, en toute confiance. Il n'a pas été déçu et moi non plus. Le club bénéficie tous les ans d'une des plus importantes subventions municipales, et reste l'une des associations les plus étoffées en nombre de licenciés.

La campagne électorale de 2008 à Poissy atteint des sommets… de bassesse. Englué dans une affaire judiciaire dont il ne se relèvera pas, Jacques Masdeu-Arus est traîné dans la boue par ses adversaires sans aucune limite. Et notamment par l'un des candidats centre droit, qui a obtenu l'investiture du MoDem naissant. Des attaques sans retenue. Tracts orduriers, distribution des minutes de sa mise en examen à la sortie des écoles, etc. Le toujours député-maire sortant (le cumul était encore autorisé à l'époque. Quelle immense connerie de l'avoir supprimé en 2014. Merci, François Hollande. On a voulu rapprocher l'élu du citoyen, il n'en a jamais été autant éloigné !) ne répondra jamais à ces coups de poignard. Une erreur, rétrospectivement. Je suis profondément marqué et atterré par cette manière de faire de la politique, sans borne, au-dessus et en dessous de la ceinture. Ce candidat MoDem, Jacques Masdeu-Arus le connaît très bien. Ce chef d'entreprise a longtemps été un des fournisseurs de la Ville de Poissy et du conseil général des Yvelines en objets publicitaires. Méfie-toi de tes amis...

Au premier tour de l'élection de 2008, l'UMP sort en tête avec 42 % des voix, le PS et le MoDem sont dans un mouchoir de poche avec 27 % et 26 %. L'opportunité historique de faire basculer Poissy à gauche se dessine. Les caciques de Solférino ont fait leur calcul. Les socialistes ont une occasion unique de reprendre la ville à la droite. Vingt-cinq ans que cela n'est plus arrivé. Mais une fusion avec le MoDem s'impose. Aux aguets, le candidat de François Bayrou n'attend que ça. Ce conglomérat PS-communistes-Verts a-t-il des atomes crochus avec ce MoDem emmené par un ancien chef d'entreprise nourri au biberon de la droite pendant des années ? Aucun, mais finalement peu importe. C'est l'histoire qui s'écrit : « Tout sauf Masdeu », et on discutera projet ensuite. Sentant le (mauvais) coup venir et ne voulant aucunement jouer les Philippe Noiret dans *Le Vieux Fusil*, j'annonce dans l'entre-deux-tours que je présenterai ma démission du club de football si cette alliance contre nature PS-MoDem l'emporte. En tant que président du comité de soutien du candidat battu, il me faut aussi prendre mes responsabilités. Une décision humainement très difficile, mais d'une logique implacable. Je serais devenu inéluctablement l'homme à abattre d'un club qui ne mérite pas ça. Au soir du deuxième tour, la fusion PS-MoDem fait tomber Masdeu. Avec 50,94 % des suffrages, l'équivalent de deux cent cinquante voix. Fin d'un règne, fin d'une époque. Comme annoncé, je démissionne de la présidence le soir même. Mon successeur ne reste que quelques mois. Un nouveau président arrive. Un copain du nouveau maire. C'était écrit. Et ce n'est pas illogique de placer ses hommes quand vous êtes à la tête d'une association dont 70 % du budget à l'époque est assuré par des subventions municipales (un tel niveau de financement n'est plus possible aujourd'hui). Le soir même encore, alors que tous les résultats sont définitivement entérinés, je prends la parole devant le parterre des sympathisants de droite, qui se comptent sur les doigts de quelques mains. L'ambiance est glaciale.

« *Ce mariage entre la carpe et le lapin va conduire la ville de Poissy dans le mur. En klaxonnant. Ça ne fonctionnera jamais, c'est inéluctable. Et dès demain, nous devons nous remettre au travail. Les six années qui viennent ne seront pas de trop pour reconquérir Poissy !* » Applaudissements nourris dans la salle clairsemée... Pour moi, c'est le déclic. « *Le monde ne sera pas détruit par ceux qui font le mal, mais par ceux qui les regardent sans rien faire !* » affirme Albert Einstein. Je pensais faire mes gammes politiques sereinement après mon départ de Canal+. Mais le coup d'accélérateur de l'histoire de ces municipales 2008 à Poissy change la donne. Comme il a changé ma vie.

Cœur de Poissy à cœur ouvert !

Dès lors, c'est au rythme et au quotidien d'un sportif préparé, affûté et compétiteur que je vais consacrer six ans de ma vie

(2008-2014), jour et nuit, pour conquérir ce Poissy que j'aime. Jamais seul, toujours en équipe. Je prends le temps de décrypter cette séquence « reconquête », car elle préfigure ma méthode, mon organisation et une certaine vision de notre pays sous le prisme très concret du logiciel de terrain (nous y reviendrons). Entre une nouvelle majorité municipale contre nature, improvisée et aucunement prête à diriger la ville (toute allusion avec la situation du pays en 2022 puis 2024 avec la Nupes puis le Nouveau Front populaire est évidemment fortuite), et une opposition de droite légitimement groggy et totalement hagarde, un boulevard s'ouvre à moi. Pas le lendemain ou l'après-lendemain. Le jour même. C'est mon intuition. « *Le pouvoir ne se demande pas, il se prend !* »

À une poignée d'amis aussi déçus et remontés que moi, je suggère la création d'une association comme socle logistique de notre nouvel objectif commun. « Notre club ». Ce sera « Cœur de Poissy ». Le cœur où tout démarre, qui irrigue, qui fait vivre, le cœur sur la main, la main sur le cœur. À cœur ouvert. Entre générosité et mouvement, le nom de l'association parle de lui-même. La reconquête, c'est parti ! Et elle passe par le terrain. À la rencontre des Pisciacais. Tous les Pisciacais, sans exception. Et ils sont nombreux à être déçus avant même le début de la nouvelle mandature (2008-2014). L'objectif est simple : écouter, remonter les doléances, façonner les suggestions, les recenser. Sans jugement. Une sorte de vaste brainstorming. Préalable indispensable que j'imagine d'une durée de trois ans. Avant une seconde étape de construction méthodique du programme et des engagements. Ces deux phases doivent nous propulser au sommet, à travers ce projet pour Poissy, pour les Pisciacais, par les Pisciacais. Et nous le faisons savoir dès la rentrée de 2008, avec la création d'un site Internet dédié. Les premiers retours sont très positifs… De six adhérents à sa création officieuse en avril 2008, Cœur de Poissy compte rapidement vingt et bientôt cinquante membres actifs à la fin de l'année 2008. Interpellée par le culot de cette association nouvelle, la presse locale évoque nos premières actions : projet de restauration de la Maison de Fer, édifice classé et dévasté par la tempête de 1999, avec interpellation positive de l'État à la clé. Exercice de comptage de véhicules dans un quartier saturé de la ville où la majorité de la gauche plurielle s'est pourtant entêtée à créer deux cents nouveaux logements. Pèlerinage à Colombey-les-Deux-Églises pour rendre hommage au général de Gaulle. Récolte de mille jouets auprès de la population en faveur d'associations caritatives. Toujours dans l'action. « *L'action entraîne le mouvement et le mouvement rassemble !* »

Après m'avoir pris pour un « gentil rigolo » qui fait sourire tout le monde avec son association de « gentils rigolos », le nouveau maire et ses élus commencent à me tirer l'oreille à la moindre occasion. Une lettre recommandée pour retirer le logo de la ville dans l'utilisation de notre blog. Et plus sérieusement : l'interdiction de participer au Téléthon pour y récolter des dons en vendant nos jouets au profit de l'AFM (Association française contre les myopathies). Une belle boulette qui vaudra à l'association Cœur de Poissy sa première une de l'hebdomadaire local *Le Courrier des Yvelines*. Merci pour ce bon moment !

À la rentrée 2008, les couacs de la majorité municipale transpirent au-delà des murs de l'hôtel de ville. Le maire socialiste veut prendre le temps de la mesure quand le maire-bis MoDem piaffe d'impatience pour donner les premiers coups de pioche. Sur le papier, c'est bien ce dernier qui est dans le vrai. Mais les éléphants socialistes ne tardent pas à damer le pion aux jeunes loups du MoDem. « *Je pensais que nous étions là pour réaliser le programme sur lequel nous avions été élus*, observera le jeune dauphin inexpérimenté, *mais pas que l'objectif premier du maire était de flinguer le MoDem* » (*La Croix*). Ambiance. C'était écrit… dès le premier jour ! Pendant ce temps, l'association

Cœur de Poissy poursuit son bonhomme de chemin. La cantonale partielle de mai 2009 est notre première victoire malgré la défaite. Un mois et demi avant le scrutin de cette élection partielle départementale du canton de Poissy-Sud (cinq communes rurales et les hauts de Poissy, seule commune urbaine), nous nous retrouvons à mon domicile à six ou sept, pour valider ou non notre candidature. Qu'avons-nous à perdre ? Rien. À gagner ? Tout. Nous compter, apporter de la fraîcheur, du positif et de la notoriété. Sans état d'âme, mes amis et moi, nous décidons d'y aller. Sans étiquette. L'UMP, grandissime favorite, aligne son premier choix, le maire d'Orgeval, médecin généraliste très implanté localement. Mais quelle n'est pas notre surprise en constatant que la majorité plurielle de Poissy présente quatre candidats différents de sa propre équipe : PS, MoDem, Verts et centre droit, excusez du peu ! À l'issue d'une campagne joyeuse, nous sortons deuxièmes au premier tour derrière l'UMP… et devant tous les représentants de la majorité pisciacaise. Et cerise sur le gâteau, je sors en tête à Poissy. Le pari est déjà gagné ! Au second tour, pour lequel je suis qualifié, si l'UMP s'impose logiquement avec les voix de la ruralité, je reste majoritaire sur la ville de Poissy. Une pleine satisfaction, d'autant que le secteur sud de la ville, avec ses quartiers populaires, est généralement dévolu à la gauche. Décrit comme « l'autre vainqueur » par la presse locale, j'annonce clairement ce soir de mai 2009 que l'aventure pisciacaise ne fait que commencer. L'alliance municipale PS-MoDem est mort-née : oui, c'était écrit ! La conquête de Poissy est plus que jamais en marche. La législative partielle qui suit en octobre 2009 met en piste un certain… David Douillet. Implanté dans l'ouest yvelinois, l'ancien champion olympique, poussé par Xavier Bertrand, avec l'aval du président de la République, Nicolas Sarkozy, est un candidat qui fait sens sur la douzième circonscription des Yvelines. Le « Grand » sait qu'il peut compter sur mon soutien, mes réseaux et mes amis. À raison, il ne va pas s'en priver. Je sais que David veut devenir député, puis un jour peut-être ministre. David sait que ma boussole me guide vers 2014. Et notre mantra commun, c'est l'esprit d'équipe. Huit semaines de terrain, de réunions publiques, de porte-à-porte, le tout piloté par un jeune et brillant espoir… Gérald Darmanin, futur député-maire de Tourcoing. Et David Douillet coiffe le maire de Poissy au deuxième tour. Le « Grand » est un affamé de compétitions. Encore un combat de gagné ! Comme lors de la cantonale partielle, la gauche pisciacaise excelle par ses divisions, un peu plus profondes encore. Le candidat MoDem de Poissy n'hésitant pas à se présenter face à celui avec qui il avait fusionné pour remporter les municipales dix-sept mois plus tôt. De 26 % en mars 2008, le même candidat MoDem dépasse à peine les 7 % cette fois-ci. La fracture PS-MoDem apparaît désormais au grand jour dans le Tout-Poissy : elle ne cicatrisera jamais… Deux mois après cette législative, en décembre 2009, le maire socialiste, très affaibli, destitue son encombrant et incontrôlable adjoint, qui l'avait fait roi. En lui retirant toutes ses délégations. « *Je vous ai fait entrer ici par la grande porte, je vous ferai sortir par la petite* », promet le « répudié » au conseil municipal. C'était écrit ! Loin de me frotter les mains, je ne peux que constater les dégâts pour ma ville. En moins de deux ans, « Poissy la dynamique » est devenue « Poissy la panique » ! Dans l'esprit des Pisciacais, de plus en plus nombreux à rallier la bande du nouveau député et de Cœur de Poissy (désormais forte de deux cents membres), le mandat du nouveau maire a à peine démarré qu'il est déjà terminé. Sur le terrain, le travail se poursuit. David Douillet me propose de l'accompagner dans ses rendez-vous structurants pour la ville. Il me charge notamment de renouer le contact avec l'usine de production Peugeot SA (PSA) de Poissy et son pôle tertiaire. Chose aisée. Journaliste local pendant dix ans, je me rendais très régulièrement sur le site pour les conférences de presse des directeurs. Président de l'AS

Poissy Foot, j'avais renoué le contact avec PSA pour subventionner le club : partenariat de prêt de véhicules et de financement des tenues du club. Du lien social en lettres majuscules. Rappelons que, dans les années 1960-1970, les enfants des collaborateurs de Simca et Chrysler représentaient plus de la moitié des licenciés du club. La famille Olive y apportait sa forte contribution avec ses quatre premiers garçons et mon père dirigeant. Enfin, pendant des années, grâce à la complicité de Michel Prost (conseiller municipal délégué aux associations depuis 2014), président de l'association sportive et culturelle de PSA et secrétaire du comité d'entreprise (CE), j'ai animé les fêtes du CE. Avec parfois cinquante mille visiteurs sur la journée. Voilà qui crée quelques relations dans le Landerneau local. Encore aujourd'hui, 43 % de la population locale est impactée directement ou indirectement par l'industrie automobile pisciacaise. La ville sait ce qu'elle doit à Peugeot. PSA sait aussi ce qu'elle doit à Poissy, j'y reviendrai.

Les rangs de Cœur de Poissy grossissent encore. Depuis sa création, l'équipe a pris l'habitude de présenter ses vœux à la population. Sans prétention, sans se prendre au sérieux, mais… comme si nous étions élus, avec la présence de personnalités. Et la municipalité en place a beau trouver toutes les excuses possibles pour nous refuser la mise à disposition de salles communales (alors qu'elle y est contrainte, nous n'aurons jamais un seul retour positif entre 2008 et 2014), nous ne cherchons jamais l'affrontement. Nous le contournons. Salles de restaurants, salles de mariage privées, autant d'alternatives idéales pour passer de bons moments (galettes des Rois, tours de passe-passe de Bernard le magicien) et faire passer nos messages. Et message tout aussi sympathique et convivial, en chaque début d'année, nous apposons des affiches en ville sur les « panneaux libres » pour présenter les meilleurs vœux de Cœur de Poissy. Le message, toujours positif et éclairé, est un clin d'œil aux Pisciacais. Côté colleurs, l'association peut s'appuyer sur l'équipe à Jojo, des vieux de la vieille qui ont quelques décennies de collage au compteur... 2011 est une année importante dans l'objectif reconquête de la ville de Poissy. Une nouvelle élection cantonale a lieu en mars, cette fois dans le cadre d'un renouvellement général. Le travail de terrain validé avec l'association Cœur de Poissy, la relation de proximité de plus en plus affirmée avec les Pisciacais, le tout validé par le député David Douillet, me permettent d'obtenir l'investiture UMP pour cette nouvelle échéance à Poissy-Sud (les six mêmes communes : cinq rurales, une urbaine). À l'aise dans cet esprit de droite sociale et humaniste, je partage la recommandation du « Grand » : sans investiture de la droite républicaine, je ne peux être élu. Je peux être majoritaire à Poissy, mais, encore une fois, la sensibilité rurale, très ancrée à droite et sensible à l'étiquette sur ce type d'élection, balaierait tout espoir. Qui plus est, la gauche municipale a retenu la leçon de 2009. Elle part moins éparpillée et c'est le maire en personne qui est candidat du côté socialiste. Cinq des six maires du canton sont derrière moi, comme un seul homme. Alain Schmitz, le président du conseil général des Yvelines, également. Notre lancement de campagne à la fin du mois de janvier 2011 prend des allures de fête de fin d'année. C'est justement dans la salle communale de Morainvilliers qu'il a lieu. À l'invitation de Fabienne Deveze, sa maire, ma suppléante, exemplaire dans son engagement. Le Tout-Poissy-Sud est présent : étiquetés, non étiquetés, maires, conseillers généraux, députés, sénateurs, chefs d'entreprise, sans-emploi, jeunes, moins jeunes. Un vrai bonheur. Sans oublier la joyeuse compagnie de Cœur de Poissy emmenée par Colette André-Verger, tacticienne hors pair et organisatrice en chef de la campagne, qui m'a connu à l'âge de 18 ans, lorsque j'étais directeur d'une maison de quartier de Poissy, le temps d'un été. Au premier tour, largement en tête de plus de quinze points sur l'édile de Poissy, je ne tarde pas à être félicité de toutes parts par les responsables locaux et nationaux. Le sentiment d'une première mi-temps parfaitement exécutée. À l'image de cet appel téléphonique inoubliable de Gérard Larcher, deuxième personnage de l'État, pour me proposer d'être à mes côtés lors de la réunion publique de l'entre-deux-tours. Quand le président du Sénat commence un discours, vous avez l'impression qu'il a vécu avec vous depuis des années. Il n'entend pas, il écoute. Jamais en mono, toujours en stéréo... Dans la nuit de dimanche à lundi, la rédaction du tract-résultats est bouclée à 2 heures. Le lendemain matin, dès 9 heures, nous le distribuons dans les vingt-sept mille boîtes aux lettres du canton. Une campagne ne s'arrête qu'au coup de sifflet final. Le dimanche suivant, nous remportons définitivement le match, sur un score sans appel : 62 %. Le maire de Poissy est sonné... L'esprit d'équipe a payé, l'équilibre « rural urbain » a porté ses fruits. L'enfant de Poissy a grandi. Cette victoire est historique. C'est mon premier mandat officiel, celui auquel j'aspirais lorsque j'ai quitté Canal+. Je me disais qu'il était bon de commencer tranquillement par un mandat intermédiaire avant un mandat exécutif local de proximité. Le maire de Poissy est de plus en plus fragilisé. Ce mandat de conseiller général acquis face au premier magistrat de la ville me place dans des conditions idéales pour 2014. À partir de cette victoire de 2011, nous structurons notre organisation. Comme je m'y étais engagé pendant la campagne, je décide d'attribuer l'intégralité de mon indemnité de conseiller général (1 600 euros) dans la location d'une permanence, dans le centre-ville de Poissy, chef-lieu de canton. Une étape indispensable dans notre quête de proximité. Après être allés à la rencontre des Pisciacais et des habitants des autres villes du canton, dans tous les quartiers, nous voulons désormais les accueillir, s'ils le souhaitent, dans un lieu identifié, à leur service. Ce local est le leur : pour remonter les informations de terrain, obtenir des aides et informations du conseil général, ou tout simplement prendre un café. Les bénévoles se relaient pour accueillir les visiteurs. Quel bonheur ! Ouverte toute la semaine, cette permanence devient le lieu incontournable du dimanche matin pour nous retrouver tous ensemble autour du verre de l'amitié. Cinquante, soixante, parfois cent personnes. C'est l'opération nénuphar : « Faites-le savoir ! »

La perm' devient aussi notre laboratoire de travail. Pendant trois ans (2008-2011), nous « labourons » le terrain tous azimuts, sans exclusive, sans priorité particulière. Ce premier travail doit être maintenant tamisé pour façonner notre projet pour 2014. C'est le but des trois prochaines années. Au sein de Cœur de Poissy, des commissions sont créées : urbanisme, sécurité, éducation, logement, santé, environnement, sport, jeunesse, culture, développement économique, etc. À raison d'une dizaine de personnes par commission, la permanence est très souvent occupée la semaine. Côté mairie, l'année 2011 n'est pas meilleure que les précédentes.

En guise de mi-mandat, la majorité plurielle et déconfite annonce une augmentation des impôts locaux de 15 %. Sans raison ni explication. Nous découvrons plus tard que l'augmentation des taxes locales a exclusivement servi à payer la centaine d'agents supplémentaires recrutés à la va-vite par spéculation électoraliste. Les Pisciacais ne pardonneront pas. David Douillet est réélu député dans un fauteuil en juin 2012 face au maire. Sans commentaire. Avec la même organisation de l'équipe, militants UMP et Cœur de Poissy confondus. On ne change pas une équipe qui gagne. Dans la semaine qui suit sa deuxième victoire en tant que député sur la douzième circonscription des Yvelines, David me souffle à l'oreille que je serai le candidat de la droite rassemblée pour les élections municipales de 2014. Cette question se pose puisque l'UMP possède dans ses rangs trois candidats légitimes pour Poissy : le député, le conseiller général de Poissy-Sud et celui de Poissy-Nord, ce dernier tout aussi désireux de briguer la mairie en 2014 après deux mandats actifs et un passé de directeur de cabinet de l'ancien député-maire. La décision du député sera rapidement validée par Valérie Pécresse, alors présidente de la fédération UMP des Yvelines, et par Pierre Bédier, président du conseil général des Yvelines. En janvier 2013, au cours de notre traditionnelle cérémonie de vœux aux personnalités, j'annonce ma candidature officielle. Près de cinq cents Pisciacais y assistent. Et pour ne pas changer les bonnes habitudes, j'offre un cadeau pour le moins original aux invités de marque : de l'huile d'olive « anticons » ! Étiquetée comme telle. Effet garanti. Bon nombre en redemandent, et je les comprends. L'autre cadeau politique nous est offert quelques jours plus tard en mairie. Au cours d'un conseil municipal que l'on pourrait résumer sous le vocable « Au théâtre ce soir », les Verts décident, à leur tour, de quitter le navire majoritaire. Comme l'avaient fait très tôt le MoDem et l'élu Debout la République. Cette dernière vague emporte aussi un des élus centristes. La gauche plurielle devient une gauche socialo-communiste délaissée, conspuée et sans devenir. La une d'un journal local est une merveille de caricature, à mi-chemin entre *Le Radeau de la Méduse* et un épisode de *Koh-Lanta*. L'association Cœur de Poissy, jamais à court d'idées, y va également de son clin d'œil sur les panneaux d'expression libre. D'immenses affiches inondent la ville : « *À Poissy, le changement, c'est dans 400 jours.* » Ce spectacle de désolation nous encourage plus encore à accentuer nos efforts et à rédiger consciencieusement notre programme électoral. Les idées de terrain sont le socle de nos engagements. Notre organisation se structure précisément : les commissions se réunissent très régulièrement et des points d'étape sont partagés les jeudis, soirs de retrouvailles collégiales. Ces réunions de soixante personnes, parfois plus, commencent en travaillant et se poursuivent autour d'un dîner frugal. Dans le domaine de la prévention, la commission « santé » est particulièrement organisée et fertile en propositions concrètes. Ses onze membres participent régulièrement à ses travaux, à raison de deux séances mensuelles. Je m'appuie sur l'expertise d'Aline Smaani et du référent principal, que je connais très bien, et pour cause : tour à tour infirmière en réanimation médicale au centre hospitalier intercommunal de Poissy, cadre de santé, directrice de crèche, directrice d'un établissement d'hébergement pour personnes âgées dépendantes, d'une clinique, et aujourd'hui directrice régionale d'Ehpad, il s'agit de mon épouse, Céline, membre active de la première heure. Mur porteur de mon engagement. Très vite se dessine pour le « Poissy du futur » la création d'un guichet unique pour les seniors de notre ville. Une plate-forme commune sur mesure, un dispositif sous cette forme qui n'existe nulle part ailleurs dans le département des Yvelines. À Poissy, une personne sur cinq est âgée de 60 ans et plus. Nous leur revendiquons notre attachement et notre respect à jamais. Autre sujet mis en exergue : l'emploi, notre premier combat. Tous les débuts de mois depuis 2011, nous proposons un rendez-vous sur le site de Cœur de Poissy : « Au cœur de l'emploi ». De façon chirurgicale, l'un des membres actifs recense les dizaines d'emplois à pourvoir dans la région et les rassemble à notre permanence, qui devient un lieu de passage où les Pisciacais se retrouvent pour éplucher nos offres. Nous ne nous prenons pas pour Pôle emploi, pas plus pour une agence d'intérim, mais pour un coordinateur citoyen utile et réactif, dans lequel chacun se retrouve. Et personne ne s'en plaint, « Au cœur de l'emploi » est piloté de main de maître par Lydie Grimaud, collaboratrice du pôle tertiaire de PSA, membre de l'association. Spécialisation des rôles.

De Cœur de Poissy à Poissy de toutes nos forces

L'élection municipale de mars 2014 arrive à grands pas. À l'été 2013, nous fêtons notre cinquième anniversaire. L'association Cœur de Poissy compte deux cents membres et le cercle s'est très largement élargi depuis l'investiture annoncée. L'heure n'est pas au bilan, mais à la perspective d'une pré-organisation électorale sans faille à partir de septembre. J'annonce alors à tous les membres de Cœur de Poissy que la future liste ne sera pas seulement l'émanation de notre association originelle. Nous devons proposer ensemble une liste le plus large possible, reflet d'un rassemblement qui nous ressemble, calque de notre population. Nous créons alors une nouvelle association, socle de la future campagne 2014 (et de toutes les suivantes), dont Cœur de Poissy est le principal moteur. « Poissy de toutes nos forces » devient un rouleau compresseur dès l'annonce de sa création. Si une élection municipale est avant tout la rencontre d'une personnalité avec ses administrés, je ne peux que me féliciter de voir les partis traditionnels, l'UMP et l'UDI, rassemblés très tôt dans la campagne. Et ce message d'union, nous l'envoyons au moment même où le PS, le PC, les Verts et le MoDem de l'équipe sortante annoncent partir chacun dans son coin aux municipales. Plus tard, le MoDem, débarrassé de son futur ex-chef de file absent des conseils municipaux depuis près de deux ans, rejoint également Poissy de toutes nos forces, conscient du travail de terrain et de proximité que nous réalisons depuis 2008. Retour au bercail si l'on peut dire, pour ce MoDem malheureux de son choix en 2008.

Plus que jamais en ordre de marche à la fin de l'été 2013, j'axe ma stratégie autour de trois points essentiels :

– Le travail avec les militants et les sympathisants. Comme au premier jour avec des visites de terrain quotidiennes, dans les quartiers, sur les marchés. Nous n'avons pas à nous forcer. Nous le faisons depuis la création de l'association en 2008 et les Pisciacais ne manquent pas de nous le faire remarquer. L'occasion pour moi de façonner dès septembre une première esquisse de ce qui pourrait être la liste des colistiers. L'esprit d'équipe est là. Nous avons appris à nous connaître et nous prenons un réel plaisir à nous retrouver ensemble.

– La création d'un « cabinet secret » du maire. Dans l'ombre, en toute discrétion, à l'insu des troupes, j'identifie un groupe de trois personnes qui pourraient composer ledit cabinet du maire. Celui-ci se réunit une fois par semaine, indépendamment des autres groupes. Je ne veux aucune fuite.

– La constitution d'une future direction générale. Et là encore, en toute confidentialité, sans aucune connexion avec le groupe « liste » et le « cabinet secret », car il est important de préparer la réorganisation nécessaire de la collectivité et ses mille agents. Avec ce groupe « DGS », traduisez direction générale des services, nous nous retrouvons tous les quinze jours dans un appartement en sous-sol. On y évoque un nouvel organigramme clair, lisible, accessible et connu de tous. Avec un principe : donner et expliquer les règles aux agents. Comme dans le sport, encore et toujours. L'idée de les rassembler régulièrement est actée, ce qui entre de fait dans l'approche de proximité qui est la mienne. On n'inventera rien, mais notre approche managériale sera connue du plus grand nombre. Nous sommes en septembre 2013 et nous ne sommes pas encore élus. Mais nous mettons tous les atouts de notre côté pour y parvenir. Ces organisations, pour le moment très discrètes, en font partie : elles me permettront de gagner bien des mois lors de notre arrivée au pouvoir.

Septembre 2013 est un mois de combat intense. Comme à son habitude, sans concertation, la majorité de gauche a décidé de raser trois des cinq terrains du stade municipal Léo-Lagrange. Une catastrophe pour les sportifs, en compétition comme en loisir. Une catastrophe pour le quartier. Une catastrophe pour les Pisciacais. Le maire veut imposer sur cet emplacement la construction d'une école. Alors qu'elle était prévue dans un autre quartier plus proche, et bien plus ouvert sur la ville. Nous contestons énergiquement ce passage en force. Nous sommes tous favorables à la création d'une école, qui pourrait être contre ? Mais certainement pas à cet endroit, au cœur d'un quartier populaire qui méritait enfin une ouverture sur l'extérieur. Le budget prévisionnel exorbitant de cinq millions d'euros annoncé initialement dépasse finalement les dix millions d'euros. Un argument supplémentaire pour dénoncer cette gabegie. Un collectif d'habitants est créé sous l'impulsion de ma future adjointe aux sports, issue du quartier, Fatiha El Masaoudi, une lionne. Le collectif Léo-Lagrange est animé par de nombreux habitants, dont plusieurs membres de Cœur de Poissy qui y résident. Et notamment une certaine Sandrine Berno Dos Santos, qui ne sait pas encore qu'elle entrera dans l'action locale quelques jours plus tard, deviendra adjointe en 2014, première adjointe en 2016, conseillère régionale en 2021, puis maire de la ville au moment de mon départ pour l'Assemblée, en 2022.

Le 10 novembre 2013, un dimanche, jour de marché, nous organisons une vaste manifestation de protestation. Près de quatre cents personnes sur le parvis de l'hôtel de ville avec la présence très remarquée de Serge le lama. Cet alpaga a fait la une des journaux, la semaine précédente, pour avoir été promené dans un métro bordelais ! Évidemment, cette action est bien plus spectaculaire qu'efficace, la municipalité ne reviendra jamais sur son initiative, au grand dam des Pisciacais. Mais le maire sait que ses jours sont comptés à la tête de Poissy : c'est donc « après moi le déluge »…

En décembre 2013, l'écriture du programme est quasiment bouclée. Et ce, quatre mois avant le premier tour. Je souhaite pouvoir aller tranquillement à la rencontre des Pisciacais d'ici là et leur présenter notre équipe. Ce programme de campagne est le fruit de six années de travail de terrain. On y retrouve notamment un plan de prévention des risques urbains et la mise en place de caméras de vidéoprotection. Trois opérations de proximité nous ont définitivement convaincus de la nécessité d'en installer à Poissy, la seule ville de plus de trente mille habitants à ne pas en être équipée dans le département des Yvelines. Distribution de tracts sur le marché, sondage sur le site Internet, remontée des doléances à la permanence sur l'insécurité qui inquiète, avec des Pisciacais favorables à plus de 70 %. À la question de journalistes, le maire sortant annonce être en pleine réflexion sur le sujet. Six ans de réflexion, aucune réponse. Je n'ai pas la même approche.

Poissy, l'élection locale qui intéresse le national !

À l'échelon national, la ville de Poissy est une des communes cibles que la droite peut reprendre à la gauche. Les chaînes de télévision et les médias nationaux défilent pour confronter les candidats. Comme en ce matin de février 2014. Une équipe de France 2 prépare un sujet pour son *20 Heures* : PSA au cœur de la campagne électorale. C'est aux portes de l'usine que je propose de retrouver les journalistes avec mes équipes pour échanger avec les salariés du site de production qui quittent leur service. Sur le terrain encore et encore, au plus près de sa réalité. Ce site, de par mon histoire familiale et professionnelle, je le connais. J'ai pour lui une affection toute particulière qui dépasse les quelque quarante ans que mon père y a passés ou encore la formation de mes quatre frères à l'école d'apprentissage Chrysler. Oui, j'ai toujours été un ardent défenseur de notre fer de lance industriel, y compris quand des rumeurs de fermeture comme celle d'Aulnay-sous-Bois circulaient. Je me suis battu au département avec mes collègues élus pour que le conseil général continue de verser des subventions à PSA Poissy ou Renault Flins en matière de recherche et développement. Ce qu'il a fait sans discontinuer. Et Stellantis, dans les années 2020, nous l'a bien rendu (un campus XXL y voit le jour en 2024 avec onze mille nouveaux salariés). Alors que le reportage touche à sa fin, un salarié de l'usine passe le portique à son tour. Il ne se fait pas prier pour fondre sur les caméras. L'exercice, Jean-Pierre Mercier le connaît, n'étant autre que le délégué syndical central de la CGT à PSA. Et c'est à Poissy que le fer de lance syndical s'est retrouvé quelques semaines auparavant après la fermeture d'Aulnay-sous-Bois. Mais lui, Poissy, il découvre, il ne connaît pas. À plusieurs reprises pendant le conflit en Seine-Saint-Denis, il a occupé les plateaux télé avec une éloquence assortie à une force de conviction très engagée et pour le moins respectable. Je sais donc à quoi m'attendre quand le personnage s'invite dans le reportage de France 2. Alors que je lui tends la main pour le saluer, Mercier la refuse : « *Je ne serre pas la main de capitalistes qui n'ont que le mot patronat à la bouche et qui sortent en costume-cravate deux semaines avant les élections !* » Avec moi, il est mal tombé. Et je le « bâche » pour argumenter mes réponses. Mon père, comme lui, a fait les trois-huit pendant des années : service le matin, l'après-midi, la nuit. Et certains de mes frères ont connu la chaîne à l'usine.

Jean-Pierre Mercier provoque encore : « *Arrête ton tourne-disque avec tes phrases toutes faites qu'on vous infuse au parti. Ta chanson, on la connaît. Qu'allez-vous faire des salariés et des intérimaires quand ils vont aller pointer au chômage ?* » Ma réponse va le surprendre : « *Dans le cadre du prolongement de RER Éole à l'ouest avec la création de huit nouvelles gares entre Mantes-la-Jolie et Poissy, la SNCF et RFF vont embaucher près de deux mille personnes d'une qualification très proche des agents de l'industrie automobile. Je proposerai donc un pacte de transition entre l'usine et ces autorités. C'est une piste à investiguer !* » Mercier tourne les talons. Comme il était arrivé, sans saluer personne. À l'image de certains collègues députés de la Nupes qui ne serrent jamais la main de leurs adversaires. Ce pacte de transition, nous l'avons travaillé avec le député Douillet, lors d'une réunion dans une coursive de l'Assemblée nationale. David y a convié les dirigeants des autorités ferroviaires pour évoquer l'avenir du RER E dans les Yvelines. Eux-mêmes ont envisagé cette piste possible en collaboration avec PSA. Ce travail en coulisses a alors été relayé sur le terrain. France 2 ne diffusera pas la séquence avec Jean-Pierre Mercier. Dommage. Mais, honnêtement, le reportage est très largement à mon avantage. D'autant que, dans le même temps, le maire de Poissy a choisi d'être interviewé seul, en plein centre-ville, loin de l'usine. Et pas de chance... sous la pluie, et pourtant sans François Hollande (!). Sur la question du devenir de l'entreprise automobile, il ne fait pas dans la demi-mesure : « *PSA prendra ses responsabilités, et moi les miennes. S'il disparaît de Poissy, ce n'est pas un problème, j'ai déjà des repreneurs.* » Circulez, il n'y a rien à voir ! À l'heure où le quotidien des Pisciacais est toujours impacté à 43 % directement ou indirectement par le site de production et le pôle tertiaire avec ses six mille collaborateurs, on pouvait s'attendre à une autre réponse de la part du chef du village.

À un mois et demi du scrutin, les candidats réapparaissent en ville, sur les marchés, dans les cérémonies. Pendant six ans, on les avait très peu vus. Et ce ne sont pas les projets de la ville qui les ont accaparés. Entre 2008 et 2013, la part du budget consacrée au développement économique a représenté 0,05 % ! Que peuvent proposer les Verts, les communistes, les socialistes avec un tel bilan ? Le Parti socialiste tente alors un coup. Faire venir une pointure nationale pour soutenir son candidat fétiche. Ce que le désormais candidat-maire accepte. L'UMP me propose la même chose. Je refuse, considérant que l'élection municipale est la plus belle séquence de proximité qui soit. À la différence des élections régionales, législatives ou présidentielles, pour lesquelles la venue de parlementaires, de ministres, me paraît envisageable pour assumer et appuyer une dimension nationale, l'élection du maire n'est pas une élection politique, mais un rendez-vous local. La rencontre entre un homme ou une femme avec ses habitants. La plus belle des légitimités. Je refuse poliment la venue possible de deux gros poissons du mouvement. J'ai beau être novice en politique, j'entends déjà la petite musique : « *Si je gagne, ce sera leur victoire, si je perds, ce sera ma défaite !* »

Mon adversaire de gauche n'a pas le temps de se poser pareille question. Sa vedette, Harlem Désir, est déjà dans la place. Le secrétaire national du PS de l'époque est fier de son candidat. « *Non seulement il va gagner, mais dès le premier tour. Comme ça, nous pourrons aller aider les copains ensuite !* » Je me demande encore aujourd'hui si Harlem Désir ne s'était pas trompé de commune dans son programme de visite !

Une liste dentelle !

La composition de la liste est une belle étape dans une campagne municipale. Elle m'a rappelé ces passages d'examen au lycée ou à l'université. Seul face à ma feuille blanche, très concentré, je griffonne, corrige, puis ajuste le nom des trente-neuf colistiers pendant des heures. Il s'agit bien de rendre aux électeurs la meilleure des copies. Et la nature de cette liste comptera dans le choix final. La liste Poissy de toutes nos forces se veut une photographie de la ville de Poissy. Les Pisciacais à qui nous nous adressons doivent se retrouver dans l'équipe que nous proposons : selon les quartiers, les métiers, les horizons sociaux, les sensibilités, l'âge… Je n'occulte aucun paramètre. En façonnant une grille indiciaire. Au final, cette liste est un portrait fidèle des Pisciacais. Étudiant, retraité, cadre supérieur, chômeur, fonctionnaire de l'Éducation nationale, agents de PSA, de Pôle emploi, du sport, avocat, financier, commerçants, dirigeants associatifs… Tous les quartiers de Poissy sont représentés. Et plus précisément dix-sept colistiers sur trente-neuf sont issus de Cœur de Poissy, dix-sept sont étiquetés politiquement (UMP, UDI, MoDem), vingt-deux ne le sont pas. Je conserve précieusement cette liste chez moi. Je ne la dévoilerai aux intéressés que quelques heures avant la diffusion de notre programme officiel. Trois semaines avant le jour J. Pour ne pas avoir à subir pendant des heures interminables les états d'âme des uns et des autres. Chaque chose en son temps. La campagne officielle touche à sa fin. Il y a finalement quatre listes à Poissy : le PS, les Verts, Lutte ouvrière et l'UMP. Restent trois candidatures issues de la même écurie de 2008. Et cette droite rassemblée (UMP-UDI-MoDem) à laquelle j'aspirais pour augmenter plus encore nos chances de victoire. Cette union de la droite a fait ses preuves en 2009 et en 2012 aux législatives. Et même si, à aucun moment pendant cette campagne, nous n'avons parlé ni affiché d'étiquette politique, ce rassemblement est sans conteste une plus-value. Un signe fort d'union dès le premier tour. Dès lors, si nous sommes battus, ce sera par plus fort. Ou alors, nous aurons mal travaillé et il faudra accepter le verdict. Comme dans le sport. Mais, en tout état de cause, nous ne nourrirons aucun regret. C'est ce que je dis lors de la dernière réunion de travail des militants. Une séquence très émouvante, uniquement consacrée aux modalités techniques et juridiques le jour du scrutin. Nous sommes plus de quatre-vingts militants sur le pont : titulaires, assesseurs, scrutateurs, superviseurs… Dans les moindres détails, nous disséquons tous les points de vigilance. Rien ne peut, rien ne doit nous échapper. Dans l'assistance, certains équipiers sont très tendus. Je le lis sur leurs visages. La gravité de l'élection peut-être. L'émotion aussi.

L'aventure démarrée en 2008 dans un coin de salon avec la bande à Bernard et Christine, Joël et Nath, Jojo et Fati, Gilou et Véro, Fab, Coco et Pierre, Jeanne et Gérald, Cécé… va livrer son verdict soixante-douze heures plus tard. Elle s'est déroulée comme une préparation olympique. Avec méthode et discipline, mais aussi et d'abord avec le plaisir de se retrouver ensemble pour partager une formidable aventure humaine. Je vois défiler le film de ces six ans, entre 2008 et 2014. Et j'en suis particulièrement fier. Oui, satisfait du travail accompli : la création de l'association, le terrain tous azimuts à la rencontre des

Pisciacais, l'esprit d'équipe où chacun nourrit l'autre de son expertise, la permanence, l'investiture, l'élaboration du programme à partir de nos échanges avec la population. Sans oublier le rassemblement des troupes. Notre truc à nous, c'est l'engagement de terrain. Nous y sommes !

Dimanche 23 mars 2014. Le jour J. Avant même d'aller voter en famille, j'assiste à l'arrivée historique de la sainte couronne d'épines du Christ acheminée par bateau depuis Notre-Dame de Paris à la halte fluviale. La ville s'apprête à fêter le huit centième anniversaire de la naissance et du baptême de Louis IX, Saint Louis, né à Poissy, celui qui acquit la sainte couronne. Des milliers de visiteurs participent à ce pèlerinage singulier.

Catholique pratiquant, je tiens à être présent. Et j'ai une pensée émue pour ma maman, déjà très affaiblie, très croyante, qui ne manquait jamais une occasion de nous parler du bon roi Saint Louis. Accompagné de Céline, Kentin, Hugo et notre petit Paco

(2 ans), je vais accomplir mon acte citoyen au bureau de vote sur les hauts de Poissy. En famille, comme d'habitude. J'ai connu mon épouse, alors infirmière en réanimation médicale à Poissy, quand j'étais sur un lit d'hôpital en 1994. Nous ne nous sommes plus quittés. Plus qu'un soutien actif, Céline a toujours été moteur dans mes aventures professionnelles et aujourd'hui politiques. Dans les bons et moins bons moments. En 2008, elle fut la première à m'encourager dans cette nouvelle démarche, comme elle l'a toujours fait, de façon indéfectible.

En début d'après-midi, à la lecture de la participation dans les vingt-cinq bureaux de vote de la ville, je sens que le changement, c'est maintenant ! Dans les quartiers traditionnellement favorables à la droite, forte participation. Bien moins de participation dans ceux plutôt dévolus habituellement à la gauche plurielle… En ordre de marche à la permanence pour la remontée des résultats à partir de 19 h 30, nous ne tardons pas à recevoir les premiers retours, vers 20 h 45.

La Coudraie : l'un des quartiers en souffrance, au cœur de la défaite de Jacques Masdeu-Arus en 2008. La Coudraie, j'y suis né, et j'y arrive en tête. Significatif, mais sans interprétation démesurée, car comptant peu d'électeurs inscrits. Les chiffres des autres bureaux tombent petit à petit. En tête, là encore. Partout. À 21 heures, je reçois un SMS du directeur de cabinet du maire sortant pour me féliciter de ma victoire ! Les trois quarts des bureaux sont encore en dépouillement. L'écart se creuse de plus en plus. La liste Poissy de toutes nos forces que je conduis est majoritaire sur les vingt-cinq bureaux de la ville. Le grand chelem ! Avec près de cinq mille voix d'avance sur celui qui est désormais l'ancien maire : 62,42 % des suffrages. Le PS affiche 24,84 %, l'extrême gauche 2,84 % et les Verts 9,87 %. Les rues s'animent, concert de klaxons, cris et larmes de joie. Avant de rejoindre le Centre de diffusion artistique (CDA), lieu de proclamation des résultats, où nous attendent des centaines de personnes et des nuées de caméras, je tiens à faire un crochet à l'hôpital de Poissy pour y embrasser ma petite maman très affaiblie. Elle qui a toujours été tellement fière de moi depuis que je suis né. Une maman en or. Une sainte. Un moment d'émotion inoubliable. Je la serre dans mes bras. Ses larmes coulent autant que les miennes. Je file. Dans la grande salle de réception du CDA, c'est l'explosion de joie. Un concert intergénérationnel. Voir ces sourires, quel bonheur ! Le travail d'équipe a payé, l'esprit d'équipe a triomphé. Poissy redevient Poissy. Nous avons remporté une victoire suffisamment nette pour développer notre programme. Le parti pris d'occuper le terrain, en mouvement, dans l'action, était donc le bon. Et j'entends désormais appliquer au quotidien cette approche. En déployant tous les outils de démocratie de proximité que nous avons testés pendant six ans, et que nous devrons poursuivre pendant six ans, cette fois de façon officielle. Je ne le ferai plus en tant que président d'association. Plus seulement en tant que chef d'entreprise. Plus seulement en tant qu'enfant du village. Mais en tant que maire de Poissy, officiellement installé le samedi 29 mars 2014, le jour de mes 45 ans. Pas plus que directeur d'Yvelines Première, directeur des sports de Canal+, directeur du Rugby Club, je n'étais programmé pour devenir maire de Poissy, moi le citoyen ordinaire. Je le suis devenu. Par détermination, travail et mouvement. Parce que j'y ai toujours cru...

L'obsession du mouvement permanent

Cette « bougeotte aiguë » ne m'a jamais quitté. Quand j'étais maire, et depuis que je suis député. L'obsession d'être en action. Oui, l'action entraîne le mouvement et le mouvement rassemble. C'est ma conviction profonde. Vous laissez filer le bouchon, vous ne le retrouvez plus...

« *J'ai un goût pour la compétition, toujours faire mieux et plus, toujours plus !* » répétait Bernard Tapie.

Le mandat de maire, de 2014 à 2022, s'est déroulé comme on tourne la manivelle d'un orgue de Barbarie. En rythme, en battant la mesure et en déclinant partition sur partition. Sans jamais altérer les rouleaux de papier perforé ! En s'autorisant enfin de nouvelles compositions au gré des opportunités qu'on nous fredonnait sur le terrain.

Les deux heures de sport hebdomadaire aux agents dans le cadre du temps de travail pour en améliorer les conditions et baisser l'absentéisme sont nées ainsi. Tout comme la charte de la laïcité, le pouvoir d'achat citoyen, la caution-mariage, la taxe sur les friches commerciales, la confection de masques pendant le Covid, la collecte des déchets par aspiration pneumatique, etc., etc. Ces initiatives de terrain font toute école aujourd'hui. C'est ça, « On n'est pas K.-O. ».

Ce savoir-faire cultivé au contact des administrés – adossé au faire-savoir, nourri par trente années d'expérience universitaire puis professionnelle – est utile, nécessaire, indispensable, mais pas suffisant. Quelle vision pour ma ville ? Quelle vision pour mon pays ?

Pour Poissy, l'histoire était écrite. Je voulais secrètement revivre et « partager » avec mes habitants ce que j'avais vécu dans les années 1970, quand j'étais môme, dans mon quartier, avec mes amis d'enfance, mosaïque de notre beau pays. Et qui a fait ce que je suis aujourd'hui : le bien-vivre tous ensemble.

Et je ne veux pas galvauder cette formule que certains commentateurs gomment d'un trait de plume. Oui, ce bien-vivre tous ensemble a fondamentalement forgé ma vision pour ma ville. Telle une toile d'araignée, j'en tisse chacun des fils de soie. Le respect de l'autre, la valeur travail, la réciprocité entre les droits et les devoirs, la confiance avant la défiance. La foi dans nos entreprises. Il y a bien longtemps que les mamelles de la République ne donnent plus de lait. Notre pays est surendetté. Plus de 3 000 milliards de dette ! Les caisses de l'État sont de plus en plus exsangues. Qui sont les créateurs de richesse aujourd'hui ? Les entreprises, petites, moyennes et grandes. Non, les chefs d'entreprise ne sont pas des salopards, et les employés ne sont pas des esclaves comme la caricature au quotidien La France insoumise. En respectant l'humain au cœur de nos organisations et au cœur de nos décisions, quelles qu'elles soient, les résultats suivent. Pour un seul bénéficiaire : l'habitant. C'est ce cercle vertueux de l'économie locale que j'ai mis en place à Poissy avec mes collègues. Nous y reviendrons dans cet essai.

Les exemples sont légion. La construction sur soixante-quinze hectares du campus PSG à Poissy, avec ses mille emplois à la clé, découle directement de cette vision, tout comme la décision de créer un tramway avec une interconnexion avec Éole, et encore la transformation d'une friche industrielle dégradée en un écoquartier unique en Île-de-France… On en reparlera.

« *C'est très compliqué de diriger une ville !* » m'a-t-on souvent répété. Pas du tout, répondais-je systématiquement. C'est même plutôt facile quand on est passionné.

Le sport m'a apporté les règles du jeu. Et David Douillet, le champion olympique devenu député (et plus tard ministre), m'a bien facilité la tâche à l'entame de mon premier mandat de maire. C'est avec David député, une semaine après mon élection fin mars 2014, que je vais rendre visite à monsieur le procureur de Versailles. Depuis mars 2013, une rue centrale de la ville de Poissy est totalement bloquée à la circulation après l'éboulement d'un mur d'enceinte qui a failli coûter la vie à une jeune femme qui rentrait chez elle au même moment. La justice s'est saisie à raison de ce terrible accident en scellant les accès, mais nous considérons qu'il est possible d'aménager une des voies aux frais de la commune pour désengorger la circulation. Ce que le procureur accepte. Fin mai 2014, la rue de la Tournelle rouvre dans sa partie montante. Treize mois d'attente sous la précédente mandature, un mois à peine après notre arrivée. Là où il y a une volonté... À la grande satisfaction des administrés.

De la même manière, mon passé de chef d'entreprise m'a inculqué la gestion des finances en bon père de famille. Aussi simple que cela. Et au-delà de tout, l'amour des gens. Et aimer les gens, ça ne s'apprend pas dans le dictionnaire !

Pendant toute la durée de mes mandats de maire, jamais nous n'avons augmenté la pression fiscale locale, nous avons toujours maintenu le même niveau de service à la population, et nous avons toujours massivement investi. J'ai toujours veillé à « traiter » chacun des administrés avec bienveillance, sans exclusive, avec discernement. J'ai toujours été très transparent avec « mes » Pisciacais. J'emploie le possessif, car je suis né ici. La plupart des habitants m'ont connu en culotte courte, j'ai usé quelques bermudas et jeans avec nombre d'entre eux à l'école, on a joué au foot ensemble, on a chanté ensemble… À mon arrivée à la mairie, je connaissais le prénom de près des trois quarts des mille agents qui travaillaient pour la commune.

En 2020, aux élections municipales, les administrés de Poissy ont validé cette approche humaniste, cette exigence pour moi-même avant celle des autres et cette vision pour notre belle ville. 75 % au premier tour.

Mais rien n'aurait pu voir le jour sans la force du collectif. Jamais. « *La force du collectif réside dans l'unité des talents et la convergence des cœurs !* » La force du collectif, et un certain relativisme.

J'ai toujours relativisé les embûches qui se présentaient, les obstacles qui se mettaient en travers de ma route. On me dit souvent : « *Tu es toujours de bonne humeur, tout semble glisser sur toi, même les plus grosses emmerdes qu'un maire peut endurer !* » Ce n'est pas faux. Et ça vient de loin. J'ai perdu ma petite maman, avec qui j'étais en fusion, en 2015, un frère de 59 ans en 2016, mon père d'une leucémie foudroyante en 2017, et mon beau-frère de 49 ans en 2018. Un sinistre tableau démarré en 2002 avec la perte de mon frère aîné, âgé de seulement

46 ans. Nous étions huit, nous ne sommes plus que quatre. Ma famille est décimée. Je suis amputé à vie. Je pense à eux tous les jours. Dans la foi et la prière. « *Les morts ne sont pas absents, ils sont invisibles ; ils gardent les yeux pleins de lumière dans les nôtres pleins de larmes* » (saint Augustin). Ça, c'est important. Ça, ce ne sont pas de grosses emmerdes, ce sont les drames d'une vie, que tout un chacun est amené à connaître. Le reste, finalement, n'est pas si grave. Et cela ne le sera jamais pour moi… Je mesure la chance de m'appuyer sur ma famille extraordinaire, mes deux frères retraités, Pascal et Éric, et ma sœur chérie, Brigitte. Et bien sûr mon épouse, Céline, et mes trois garçons, Kentin, Hugo et Paco, les piliers de l'agenda de mon cœur, qui poussent leur mari et père par vents favorables, par vents contraires, quelle que soit la météo. Mais qui pâtissent aussi de plus en plus souvent, et malgré eux, de la haine, la jalousie et la méchanceté aussi violentes que gratuites que tout élu exposé subit dans l'exercice de ses fonctions.

Je suis avide de rencontres. Il n'y a pas de grandes et de petites rencontres, il n'y a que de belles rencontres. Et même si la politique pipe considérablement les dés, il n'en demeure pas moins que j'ai toujours assumé mes relations, mon réseau, mes amitiés. Je les revendique et je les entretiens. Exemple : j'ai toujours dit que j'étais « Bédier », mais pas un maniaque de l'UMP, que j'étais « Macron », mais pas un inféodé d'En marche. Ces deux hauts personnages ne sont pas du même bord, mais ils sont mes amis. Pierre Bédier, le président du conseil départemental des Yvelines, est un gaulliste chiraquien qui ne transige pas avec le respect de la parole donnée. Sans lui, le campus PSG à Poissy, la rénovation urbaine dans les quartiers, le tramway et tant d'autres projets seraient restés à l'état d'esquisse. Aujourd'hui, la ville de Poissy est redevenue le premier bassin d'emplois de la vallée de Seine, le troisième dans le département. Mon « pote » Emmanuel (c'est comme ça qu'il me surnomme et que je le surnomme depuis en privé) est aux antipodes de l'image que le président Macron offre parfois. J'ai fait sa connaissance à un concert d'Elton John en 2016. Il était tout frais ministre de l'Économie de François Hollande. On ne s'est pas « économisés » en déhanchés sur « Crocodile Rock », « I'm Still Standing » et « Daniel » ! Et on ne s'est jamais quittés, y compris à une époque où nous ne fréquentions pas les mêmes bancs. Ce président est un *rocket man*. Notre plage de contact, c'est la nuit (j'y reviendrai, un jour, dans un autre ouvrage…). J'ai pu, je peux ne pas être d'accord avec Pierre comme avec le président Macron. Ça m'est arrivé. Je ne tortille pas, je dis les choses. Le chemin le plus court, c'est le chemin le plus droit ! La politique est peuplée de faux-culs première langue. Je suis très heureux « de faire partie des quelques fèves dans la galette ».

Au plus fort de la crise des Gilets jaunes, tard un mardi de décembre 2018, le président Macron me téléphone pour avoir mon ressenti. Je dois dire que j'ai été cash :

« *Président, vous avez été élu par les Français pour mettre en place un certain nombre de réformes. Mais la manière dont vous vous y prenez pour y parvenir est catastrophique. Il n'y a que de la verticalité. Vous décidez et on exécute. Ce logiciel ne fonctionne plus, président ! (…)*

– Que proposes-tu ?

– Je vous propose de venir vous voir avec une délégation de collègues maires de "Génération Terrain". C'est une association transpartisane, un creuset de bonnes pratiques et d'échanges d'expérience.

– Banco ! »

Trois jours plus tard, enfermé dans le salon vert de l'Élysée, sans téléphone, sans administrateur du Château, Emmanuel Macron nous reçoit. Trois heures, direct, sans filtre. « *À ce rythme, vous allez finir au bout d'une pique* », lui lance l'un d'entre nous. « *Descendez sur le terrain. Allez au contact des Français, allez les écouter, vous allez prendre des bourre-pif salutaires* », lui suggéré-je en fin d'après-midi. Le grand débat national est né ainsi. Au contact des maires, pas au sommet de l'État. Sur le plancher des vaches !

Quand Emmanuel Macron lance en 2018 à un demandeur d'emploi sur le fait de trouver un travail : « *Je traverse la rue, je vous en trouve* », je l'appelle pour lui dire : « *Tu as raison sur le fond, mais sur la forme c'est mauvais.* » Et de lui expliquer la méthode : un collaborateur qui prend le contact, une réponse rapide avec des recommandations, voire des mises en relation. Simple et efficace.

DEUXIÈME PARTIE

LA MÉTHODE K.O.

Introduction

Le général de Gaulle écrivait dans ses Mémoires : « *L'action, ce sont les hommes au milieu des circonstances.* » Être maire aujourd'hui n'est pas un métier, c'est une tournure d'esprit. Idem pour la fonction de député. J'appartiens à cette génération d'hommes et de femmes qui aiment le contact humain, une Génération Terrain. C'est le marqueur de mon engagement depuis toujours.

Au fil des années, j'ai développé une méthode d'action qui donne des résultats. Qui se présente en quelques mots : initiative, écoute, proximité, adaptabilité. Ne rien s'interdire, mais reconnaître ses erreurs. S'appuyer sur les besoins des gens, et passer à l'action, sans dogmatisme et sans se fixer de limite. Aucune limite.

Je pars du principe qu'on n'est jamais aussi bien servi que par soi-même. Et qu'on ne peut pas attendre de l'État et des institutions autre chose qu'un cadre légal. Mais, à l'intérieur, il faut se prendre en main, lancer des idées, les tester, les perfectionner, dans le sens du bien commun et du bien-être de nos concitoyens.

C'est une démarche volontariste, mais qui n'est ni solitaire ni égoïste. Elle se nourrit de l'écoute des besoins des habitants et d'un travail main dans la main avec des partenaires proches, publics et privés. Et elle est confrontée en permanence au verdict des concitoyens. Toujours en observation, c'est la rançon de la proximité et le fruit de la « campagne permanente » que je prône.

Cette méthode m'a permis de conquérir Poissy, de remettre ma commune sur de bons rails, de la placer sur la première marche du podium en nombre d'emplois en vallée de Seine, de développer son potentiel social et économique. Je suis persuadé qu'on peut dupliquer cette méthode, l'étendre à l'échelle de notre pays, portée par des femmes et des hommes de bonne volonté et désireux de prendre des initiatives. Le député de la nation que je suis devenu en est convaincu.

Je suis persuadé qu'il y a dans notre pays une formidable force vitale, une ingéniosité, une capacité à surmonter les obstacles et les freins de toutes sortes (le système D à la française !). Avec une volonté collective de s'en sortir. Et pour nous tous, une seule boussole : faire gagner notre beau pays, faire gagner la France et les Français.

Bousculer les certitudes

« *Ce n'est pas le doute, c'est la certitude qui rend fou.* »

Friedrich Nietzsche

Aujourd'hui plus que jamais, l'approche que nous devons privilégier est l'exact contraire de celle du tableur Excel et de la certification à tout-va qu'on infuse aux Français au quotidien. Un tableur est nécessaire pour le cadre, mais, à l'intérieur de celui-ci, nous, les élus, devons avoir une grande liberté de gérer. Parce que nous sommes sur le terrain, en prise directe avec la réalité des administrés, nous nous adaptons en permanence. C'est le principe du darwinisme social : la « lutte pour la vie » entre les hommes est l'état naturel des relations sociales, la source fondamentale du progrès et de l'amélioration de l'être humain. Cela va de pair avec, sur le plan politique, une volonté de réduire, voire de supprimer l'influence des institutions qui structurent et régulent les relations sociales. Mais, pour moi, il n'y a rien d'antinomique : la « lutte pour la vie » n'est pas forcément conflictuelle, elle est l'expression de la réalité humaine et de la nécessaire adaptation des êtres humains pour survivre.

C'est pourquoi je suis un fervent défenseur de la territorialisation, et je rejoins en cela le président de la République et de nombreux présidents de conseil départemental ou régional. En science politique, la territorialisation est une approche des politiques publiques qui met l'accent sur les spécificités de chaque territoire, par opposition à une approche verticale organisant l'action publique par secteurs d'activité cloisonnés.

Soyons clairs. Quand j'étais maire de Poissy, je ne gérais pas ma collectivité comme le font les collègues de Saint-Germain-en-Laye, Carrières-sous-Poissy ou Morainvilliers, pour ne citer que ces trois exemples. Nous sommes dans le même département, nos communes sont proches, mais n'ont pas la même configuration. Tous sont d'excellents maires, réélus régulièrement, et j'allais dire facilement, et ils ont comme point commun de connaître et d'être à l'écoute de leur population. Et donc ils s'adaptent en permanence.

Verticalité et horizontalité ne sont pas forcément contradictoires : une politique publique peut être à la fois territorialisée et thématique. La politique de santé, face à la désertification médicale, nécessite une approche à la fois verticale (élargissement du *numerus clausus*) et horizontale (politique d'aide à l'installation des jeunes médecins sur le territoire, comme nous l'avons menée à Poissy). Même chose pour la gestion du risque : l'État a mis en place en 1995 des plans de prévention des risques naturels prévisibles (PPRN), nous avons ajouté à Poissy depuis 2015 notre propre plan communal de sauvegarde (PCS).

Ne pas se satisfaire de schémas tout faits, adapter l'organisation proposée aux réalités du terrain, c'est bousculer les certitudes et en particulier ne pas se laisser vampiriser par une organisation verticale consistant à dire : « *Je décide, vous exécutez.* » C'est une forme de gouvernance à laquelle je me suis toujours refusé, que ce soit dans mes fonctions directrices (club ou entreprise) ou dans ces fonctions politiques (maire, conseiller départemental ou député).

Je le répète : il faut bien sûr un cadre général, faute de quoi c'est l'anarchie. Mais le postulat de base repose sur un mot : la « confiance ». Dans le dictionnaire, le mot « certitude » arrive avant « confiance ». Il faudrait changer implicitement cet ordre pour que le mot « confiance » s'intercale ! Quand on a confiance, on est capable d'obtenir des résultats probants, parce que c'est une approche à la fois descendante et ascendante : « *Je te fais confiance parce que je crois que tu vas le faire, tu me fais confiance parce que tu sais que je vais le faire.* »

Aujourd'hui, on a trop souvent l'impression que c'est la « défiance » qui prime à tous les niveaux de la société française. Le peuple se méfie des élites, les estimant trop éloignées de ses préoccupations, et leur reprochant un comportement souvent méprisant. Déjà, en 1989, un sondage Ipsos, « Les élites », montrait que 69 % des personnes interrogées jugeaient les élites comme trop parisiennes, 60 % les voyaient fermées sur elles-mêmes et 62 % les considéraient comme peu soucieuses de l'intérêt général. Trente ans plus tard, en mars 2020, un sondage du même institut, « Lire la politique – Lire la société », indiquait qu'elles étaient maintenant 85 % à penser que les élites ont des intérêts fondamentalement différents de la grande majorité de la population.

Cette fracture grandissante est terrible et nous conduit à notre perte. Elle porte en germes les révoltes ou les révolutions populaires, telles que nous les avons entretenues avec les Bonnets rouges ou les Gilets jaunes.

Restaurer la confiance est une priorité nationale. Et pas seulement pour le chef de l'État et du gouvernement, à tous les échelons de l'organisation sociale. Le même sondage Ipsos de 2020 affiche les taux de bonnes opinions des catégories sociales représentant l'élite : 19 % pour les dirigeants politiques, 27 % pour les banquiers et les financiers, 31 % pour les dirigeants syndicaux, 43 % pour les journalistes, 44 % pour les patrons. Vous avez dit confiance ?

Si le rejet des élites politiques est massif, seuls les maires tirent encore leur épingle du jeu. 60 % des Français se sentent bien représentés par leur maire grâce à l'imbrication d'un fort ancrage local et d'une réelle proximité.

À ce stade, chacun doit prendre ses responsabilités. Moi, j'ai toujours pris les miennes.

Bousculer les certitudes, c'est aussi accepter parfois de se tromper et reconnaître que l'on s'est trompé. Un exemple tout simple : le parking gratuit à côté de la piscine de Poissy, occupé à ras bord tous les jours par des visiteurs extérieurs à la ville pour rejoindre le RER situé à un kilomètre environ. Au pied de la gare, le parking payant, appartenant à la ville, est lui à moitié vide. L'idée de rendre payant (un euro la journée !) le parking de la piscine faisait sens pour inciter les visiteurs à emprunter le parking de la gare (et accessoirement faire faire des économies à la collectivité). Quelques semaines après l'application de cette décision, le parking de la piscine était totalement vide au quotidien… mais le parking de la gare pas plus rempli. La supercherie des visiteurs consistait à se garer – sauvagement – dans les rues adjacentes à la piscine, au grand désarroi des habitants du quartier, dont la levée de boucliers en mairie démontra très vite qu'il s'agissait d'une fausse bonne idée ! Nous avons fait machine arrière en expliquant pourquoi. Circulez, il n'y a rien à voir !

Je ne me trompe pas de combat : je suis élu par les habitants et je suis là pour les servir. C'est du pragmatisme. Le peuple se défie des élites, mais celles-ci le lui rendent bien, en l'ignorant ou en refusant de l'écouter. Pourtant, le peuple a toujours raison. C'est la seule certitude.

S'affranchir des codes

« Il y a des choses qu'on a parfois peine à croire : le type qui a inventé le Code de la route n'avait même pas son permis… »

Philippe Geluck

Je n'ai pas la réputation d'être un béni-oui-oui. J'ai plutôt l'habitude d'essayer de penser différemment et d'agir à l'inverse de ce que la norme impose. Il est de bon aloi pour un homme politique de dissimuler sa vie privée et de respecter un certain nombre de codes sociaux. Moi, j'aime préparer de bons petits plats et en partager la recette avec le plus grand nombre. Et j'adore pousser la chansonnette, c'est vrai. Et pourquoi pas sur Internet, comme je l'ai fait pendant le confinement, si ça peut faire plaisir à certains ? Être sérieux sans se prendre au sérieux !

Dans un univers souvent régi par des normes sociales strictes, se libérer des codes peut permettre de mieux affirmer son identité, sa personnalité et ses valeurs. Personnellement, ça me fait du bien. Et j'ai la modestie de croire que c'est utile dans la voie que j'ai tracée. S'affranchir des codes permet de favoriser la créativité et d'encourager la pensée critique : se demander pourquoi certaines règles existent, si elles sont toujours pertinentes, et comment on pourrait les adapter à notre époque.

Attention, cela ne veut pas dire qu'il faille supprimer les règles, au contraire. Comme sur un terrain de foot, les règles sont indispensables à la vie en société. Mais il faut savoir les faire évoluer. Afin d'avantager le football offensif, il est interdit depuis 1992 aux gardiens de but de saisir à la main les passes en retrait volontaires de leurs partenaires. D'abord accueillie avec scepticisme, la mesure a eu un impact positif sur le beau jeu et, aujourd'hui, plus personne ne la conteste.

De la même manière, en politique, pour éviter que certains élus ne cumulent un nombre de mandats tel qu'ils ne peuvent les exercer correctement, une loi organique encadrant le cumul des mandats a été votée en 2014. Plus exactement, une loi empêchant un député ou un sénateur d'exercer une fonction exécutive locale. Concrètement, un sénateur ou un député ne peut exercer aussi les fonctions de maire ou d'adjoint au maire, de président ou de vice-président de conseil régional ou départemental, de président ou de vice-président d'un établissement public de coopération intercommunale à fiscalité propre, comme une métropole. Ce texte partait d'un bon sentiment, teinté, disons-le, d'une bonne dose de démagogie, car flattant l'esprit frondeur qui habite depuis toujours le peuple gaulois. Car il n'empêche pas un maire d'être en même temps président d'un établissement public intercommunal (une agglomération) et vice-président de son département. Deux poids deux mesures. Et un résultat qui devient de plus en plus évident : le personnel parlementaire est de moins en moins connecté à la réalité du terrain, et le spectacle qu'il donne accroît encore plus l'antiparlementarisme. CQFD.

Un antiparlementarisme nourri par certains médias et les réseaux sociaux, qui tourne de plus en plus à la chasse aux élus. Le « tous pourris ». Soyons clairs : il n'y a pas plus d'élus « pourris » qu'il y a de chefs d'entreprise, d'avocats, de commerçants ou de garagistes pourris. Ni plus ni moins. Mais les élus sont régulièrement sous les feux de la rampe et sont surveillés en permanence par la patrouille, qu'elle s'appelle HATVP (Haute autorité pour la transparence de la vie publique), PNF (Parquet national financier) ou cellule de déontologie. Excusez du peu. Dans leur quotidien, les élus sont en permanence bloqués dans leurs initiatives, parce qu'ils ont cette contrainte de la technostructure qui passe un temps fou à vérifier, surveiller, laver plus blanc que blanc. Vaccinée à l'antiparlementarisme, elle part de l'a priori que tous les politiques sont pourris parce que certains ont mis un jour le doigt dans le pot de confiture. Et que la politique enrichit son homme. Soyons clairs. Le maire de la ville de Poissy (quarante mille habitants), pour diriger l'équivalent d'une entreprise de mille salariés, perçoit une indemnité mensuelle de 3 900 euros net. Ce qui, ramené au nombre d'heures hebdomadaires effectuées par celui-ci, au bas mot quatre-vingts, revient à un revenu horaire d'une dizaine d'euros. Moins qu'une femme de ménage, bien moins qu'un plombier ou qu'un boulanger. Avec des responsabilités pénales qui nous attendent potentiellement à chaque coin de rue. Nous ne nous en plaignons pas, c'est un choix que nous assumons, mais il est bon de rétablir les vérités.

À ce prix-là, on pourrait se contenter de faire de la gestion administrative, d'appliquer et de faire appliquer les règlements. Voire de les renforcer, en vertu de ce fameux principe de précaution qui gangrène l'administration française, étouffant toute prise d'initiative. Personnellement, je m'en contrefiche. Les règles sont faites pour être discutées à partir de la réalité du terrain, et en faisant preuve d'imagination.

J'en veux pour preuve la réouverture des stades à l'issue du confinement. La règle édictée par le ministère : 4 m^2 par personne. La pelouse d'un stade fait environ 6 000 m^2, on pourrait donc mettre mille cinq cents joueurs dessus. Et on interdit à trente bonshommes ou demoiselles de s'y entraîner, comme si les sportifs passaient leur temps à faire du bouche-à-bouche ou du marquage à la culotte. Évidemment, j'ai alerté le président de la République sur cette aberration, il m'a dit qu'il comprenait, mais que, derrière, c'était toute une administration qu'il fallait bousculer et mettre au pas. Principe de précaution.

C'était la même chose pour l'occupation du théâtre. L'administration nous a pris la tête avec la non-utilisation d'un fauteuil sur deux, alors que le vrai risque épidémique était dans la gestion des flux. Comme on l'a fait à Poissy, il suffisait d'organiser les files d'attente avec un marquage au sol : 1 X 1 X, etc. Comme on le dit chez nous, il faut juste un peu d'idées, un peu d'huile d'Olive, et le tour est joué.

Il existe un CGCT (Code général des collectivités territoriales) qui regroupe, en France, les dispositions législatives et réglementaires relatives au droit des collectivités territoriales. Au total, six mille articles sur quatre mille pages. Il mériterait d'être revisité de fond en comble. Et dans son esprit : si les élus locaux étaient jugés sur les résultats et non sur la manière de les obtenir (évidemment en restant dans le cadre du droit), le pays avancerait beaucoup plus vite.

Il y a une règle dans les collectivités locales qui est de calculer la subvention aux clubs sportifs en fonction du nombre de licenciés. Mécanique. Au hasard : 5 € par licencié fois 300 = 1 500 €. Nous avons à Poissy des associations qui se bougent et qui ont des idées.

Par exemple, Audrey Schohn, la présidente de la section handball, a pris l'initiative d'aller chercher les jeunes filles sur la dalle les midis pour leur faire faire du sport. J'ai envie de les récompenser par rapport à d'autres. Le bon critère est-il celui du nombre de licenciés ? Est-ce que ça rentre dans un tableur Excel ? Quelle est la récompense de cette valeur ajoutée ? En changeant ces règles, ou en s'en affranchissant, on va dans la droite ligne du bien-vivre ensemble.

Lorsque j'étais maire, c'est moi qui décidais sur le terrain, et je prenais mes responsabilités. De toute façon, si un arbre venait à tomber et blesser un administré, ma responsabilité serait engagée, comme depuis le jour de mon élection. Principe de précaution ou pas.

La question s'est posée pour la réouverture des groupes scolaires à la fin du premier confinement, en mai 2020. Le gouvernement tergiversait, principe de précaution. C'était la valse-hésitation. Sur le terrain, on n'est pas dans la valse à mille temps, on n'a pas le temps. J'ai donc imposé une valse à trois temps : 1. Avec le préfet des Yvelines, Jean-Jacques Brot. 2. Avec l'Éducation nationale. 3. Avec la ville.

C'est cette valse à trois temps qui nous a permis de gagner du temps : grâce à l'anticipation des trois protagonistes, après avoir testé depuis le 17 mars 2020 l'accueil des enfants des soignants dans le groupe Ronsard, avec professionnalisme, efficacité, sans état d'âme, j'ai pu m'engager pour que le 11 mai suivant Poissy soit prêt. Avec le respect des distanciations, le matériel nécessaire (masques, gel), la bonne volonté de tous les protagonistes, on y est arrivés. Sans oublier un préfet, non pas contraignant mais facilitant, qui a validé toutes les propositions venant du terrain. Dans l'esprit de ce que tous les maires réclament : un « *facilitateur de solutions* », selon la formule de Daniel Canepa, l'ancien préfet de la région Île-de-France.

Et dès le 5 mai, notre capacité d'action a été saluée par la visite à Ronsard du président de la République, accompagné du ministre de l'Éducation nationale, Jean-Michel Blanquer. Les codes ont été forcés, mais le travail a payé.

Occuper le terrain

« Choisis un bon terrain pour ta demeure. Choisis-le profond pour ton cœur. Choisis envers autrui la bienveillance. Choisis en paroles la vérité. »

Lao Tseu

Le terrain, c'est l'alpha et l'oméga de l'engagement qui a toujours été le mien. L'incomparable Coluche disait : « *Ce n'est pas dur, la politique, comme métier ! Tu fais cinq ans de droit et tout le reste c'est de travers.* » Je n'ai pas fait de droit, mais depuis toujours je suis sur le terrain. Ce n'est pas parce qu'on a fait Sciences Po ou l'ENA que l'on apprend à connaître les gens. Aimer les gens, ça ne s'apprend pas dans le dictionnaire. Occuper le terrain, c'est écouter les gens, pas en mono, mais en stéréo, et être capable de les entendre. Ne pas hésiter à leur dire qu'ils ont raison, et aussi leur dire qu'ils ont tort. Et surtout pourquoi ils ont tort.

Le président de la République nous le disait, en nous réunissant, avec mes collègues députés, à l'été 2022 : « *Soyez en campagne permanente !* » Et les événements lui ont donné raison.

Quand je dis que je suis en campagne permanente depuis 2008, c'est un slogan, mais c'est aussi la vérité du terrain. Nous ne guidons pas l'actualité, c'est l'actualité qui nous guide. Sept jours sur sept, pas de jour férié en politique, un drame peut survenir à n'importe quel moment, de jour comme de nuit. Pour moi, il faut être présent. Je n'ai jamais délégué quoi que ce soit à qui que ce soit en matière de présence sur le terrain. Je considère que c'est le rôle du maire de prendre à bras-le-corps tout ce qui peut être très heureux comme ce qui peut être très difficile.

Je suis en campagne permanente. Génération terrain, c'est pour moi le plus beau label. Je l'utilise depuis 2008. C'est sous ce vocable que j'ai été élu maire en 2014. Et j'ai élargi le champ : en 2017, Arnaud Péricard, le maire de Saint-Germain-en-Laye, et moi avons créé officiellement Génération Terrain, un mouvement parrainé par Gérard Larcher, président du Sénat, un expert du sujet.

Génération Terrain, c'est un laboratoire de bonnes pratiques qui regroupe deux cent cinquante élus, pas forcément de droite, partout en France. Les membres vont se nourrir les uns les autres de ce qui fonctionne bien, et aussi de ce qui fonctionne moins bien. Un mouvement informel, sans règles contraignantes, mais bourré d'idées et laissant libre cours à l'imagination.

Municipales 2020. Départementales 2021. Législatives 2022 et 2024. Sur mon affiche de campagne, j'affiche Génération Terrain. Je n'ai pas d'étiquette politique autre, sinon celle d'Ensemble pour les

Yvelines, un label, je dirais même un creuset, mis en place par Pierre Bédier, où sont partagées ces bonnes pratiques à travers ce département laboratoire. Et ça gagne, parce que cela parle aux Français. Grand chelem aux départementales 2015 et rebelote en 2021. Respect.

À force de fréquenter les couloirs de la République et les plateaux de télévision, un élu local devenu national peut facilement se perdre, perdre le bon sens. Quand j'entends mes collègues s'invectiver à propos du pouvoir d'achat, je m'interroge. Et je vais sonder madame Michel, monsieur Léon ou encore la jeune Océane au marché : « *Et votre pouvoir d'achat, comment se porte-t-il ?* » De concert, ils vont m'évoquer plus ou moins agréablement le coût de leurs emplettes du jour, de l'inscription de leur fils au karaté, la difficulté à payer la facture de gaz cet hiver. Être sur le terrain permet aux élus de se confronter directement aux problèmes que rencontrent les gens au quotidien (chômage, insécurité, logement, services publics, etc.). Cela leur permet d'avoir un retour direct et de mieux comprendre les attentes de leurs électeurs. C'est essentiel pour rester connecté avec sa population, renforcer sa légitimité et adapter ses actions politiques aux besoins réels du pays ou de la communauté que l'on représente. C'est ainsi que je conçois mon rôle à l'Assemblée nationale : défendre de grands principes auxquels je crois – la réciprocité entre les droits et les devoirs – et faire gagner grâce à la loi des petits bouts de terrain. Voir mes propositions de loi sur le gaspillage ou sur l'arrêt des puffs (cigarettes électroniques jetables), ce qui m'a valu un prix national.

Lorsque vous êtes maire, vous êtes dans une fonction 100 % exécutive. C'est la raison pour laquelle j'ai toujours pensé, et je le crois d'autant plus aujourd'hui, que les deux fonctions, maire et parlementaire, sont très complémentaires. En tant que maire, on utilise un logiciel de terrain dont les expériences permettent de proposer ensuite des lois cohérentes avec ce que souhaitent les habitants et ce qu'ont pu mettre en place les élus locaux.

La méthode Génération Terrain, c'est ça : pragmatisme et communication. Le service et le miroir. La Ville de Poissy a acquis cette réputation d'être un laboratoire d'idées. Hier comme aujourd'hui avec Sandrine Berno Dos Santos, la nouvelle maire. Je ne me suis jamais rien interdit, ni à Poissy ni ailleurs. Je le répète, je suis darwiniste. J'écoute, je m'imprègne de l'air du temps, j'essaie, je transforme. Et si ça ne marche pas, je n'ai pas peur de le reconnaître et de passer à autre chose.

Dans Génération Terrain, il y a aussi le terrain de sport. Parce que c'est sur ce terrain qu'on apprend la vie, les règles du jeu, le goût de la compétition, l'esprit d'équipe.

Maire de Poissy, j'ai travaillé à en faire une des villes les plus sportives de France. L'accueil du campus du PSG, les deux heures de sport au travail, les résultats du club Poissy Triathlon, avec notre championne olympique Cassandre Beaugrand, tout cela méritait le passage de la flamme olympique. Et nous avons été retenus, grâce au conseil départemental, avec huit autres villes des Yvelines, pour accueillir le cortège de la flamme devant douze mille spectateurs enthousiastes, un grand moment d'émotion pour notre ville, comme le passage du Tour de France en 2016 !

L'efficacité par le sport !

« *Le sport va chercher la peur pour la dominer, la fatigue pour en triompher, la difficulté pour la vaincre.* »

Pierre de Coubertin

C'est à travers le sport que je me suis construit. C'est grâce à lui que j'ai obtenu mes plus beaux succès professionnels. Pas surprenant qu'il soit pour moi un marqueur politique essentiel. Même une fois élu maire de Poissy en 2014, je n'ai pas cessé de courir trois fois par semaine. Un jour, je suis interpellé par un administré sur les réseaux après qu'il m'a croisé en courant en forêt : « *Pourquoi ne pas lancer, comme le maire de Neuilly, un rendez-vous par semaine pour tous ceux qui veulent courir avec vous ? »*

Sitôt dit, sitôt fait. Rendez-vous samedi à 9 heures pour tous les amateurs de jogging en forêt. Sur la route Vieille à Poissy. Au début nous sommes deux, puis dix, puis cent. Pour certains, c'est pour une heure de running, d'autres préfèrent marcher ou rouler à vélo. C'est open. Pas d'inscription, pas d'obligation, pas de cotisation. Chacun à son rythme. C'est la cavalcade de Poissy. Une fois, deux fois, trois fois par semaine pour qui veut ! Et on retrouve les plus motivés en mars à la Pisciacaise, la course nature. Et le 14 juillet pour la Cavalcade bleu-blanc-rouge, non chronométrée et ouverte à tous. Et certains des amis de la Cavalcade ont eu comme moi la chance de participer au Marathon pour tous des Jeux olympiques, un moment inoubliable.

D'un rendez-vous hebdomadaire de week-end, on passe au sport sur le temps de travail : Poissy bien-être. Deux heures par semaine offertes à tous les agents municipaux à partir de 2017. Pour les remercier des efforts accomplis et aussi pour renforcer leur efficacité. Cette initiative a pu démontrer au cours de ces dernières années les bienfaits pour les salariés ou les agents et pour les employeurs : une meilleure santé, une réduction de l'absentéisme, de meilleures conditions de travail, une amélioration de la productivité. J'y reviens dans la troisième partie, « 20 idées pour faire avancer la France ». Ayant expérimenté cela en tant que maire de Poissy, j'ai souhaité que l'Assemblée nationale puisse se pencher sur ces expériences et proposer des solutions afin que le sport au travail puisse se généraliser sur tout le territoire.

C'est parce que je suis considéré comme un élu « tout-terrain » que j'ai été contacté en novembre 2021 par le cabinet de la ministre déléguée chargée de la Ville pour me proposer une mission pour Nadia Hai, mais aussi avec la ministre des Sports, Roxana Maracineanu, et la ministre de la Cohésion des territoires, Jacqueline Gourault. Une mission de trois mois pour faire un constat et des préconisations en matière d'insertion des jeunes par le sport, en particulier dans les quartiers populaires concernés par la politique de la ville.

Titre de la mission : « Un état des lieux de l'insertion par le sport dans les quartiers, de ses difficultés actuelles, ainsi que des leviers, acteurs, outils et bonnes pratiques à mobiliser ou à inventer. Des préconisations pour renforcer l'insertion par le sport dans les quartiers et atteindre une plus grande mixité de ses bénéficiaires. » Une méthode : le terrain, encore le terrain, toujours le terrain. Nous avons rencontré des éducateurs, des bénévoles, des champions, des présidents d'association, mais aussi des chefs d'entreprise, des médecins ou encore des journalistes, des institutionnels, des ministres et maires de tous bords politiques. Tous azimuts, tous horizons : notre maître-mot était d'écouter le terrain. Dans toutes ses composantes : sport santé, sport éducation, sport citoyenneté, sport compétition, sport loisir, sport famille, sport emploi, e-sport. Il en ressort une perte d'intérêt pour le sport de nos jeunes, de plus en plus sédentaires, une lente disparition du bénévolat, le recul du sport comme catalyseur social. Mais pas question de baisser les bras.

C'est dans le cadre de cette mission sur l'insertion par le sport que je rencontre en février 2022 de jeunes habitants du quartier du Temple à Évry. Cette audition de terrain va se révéler déterminante dans le rapport. Mes amis Luc Charles et Zaïr Kedadouche, influenceur sport et inspecteur général de l'Éducation nationale, avaient vu passer sur les réseaux « la Lucarne d'Évry ». « *Il faut que tu ailles y faire un saut.* » Un concept des plus simples. Une sorte de pénalty ; le tireur doit faire entrer le ballon dans une lucarne de 40 cm par 40 cm située à une quinzaine de mètres. Originalité du concept : la lucarne est celle d'une fenêtre d'un hall d'immeuble. Ce jour-là à Évry, il y a la queue pour tenter sa chance. C'est gratuit, c'est filmé par les organisateurs, l'engouement est total. Il faut dire que Mala, Goy, Souhayli et leur joyeuse bande attirent les amoureux du ballon rond pour relever ce défi. Quelques semaines auparavant, la star brésilienne du PSG Néné a trouvé la lunette après quatre tentatives. L'humoriste Ahmed Sylla n'a pas connu la même fortune. Une centaine d'essais, de haut en bas, de droite à gauche, et rien n'y fait. Mais le comédien offre une paire d'heures de blagues et de rires dont il a le secret. Je propose à la bande d'Évry de les accompagner dans leur développement en proposant au conseil départemental des Yvelines d'accueillir des étapes itinérantes de la Lucarne dans le 78. Création d'une lucarne mobile, appel à partenaires financiers, le tour de France de la Lucarne naît ainsi. Elle démarre à Poissy. Et je tire le fil. Mille cinq cents jeunes et moins jeunes participent à cette drôle d'aventure sur la place de la République en plein cœur de ville, et dans le même temps, j'en profite pour organiser un salon de l'emploi en plein air : recrutements, aides à la création de CV…

Le comédien Alban Ivanov est là aussi pour agrémenter la journée. Succès total. Aujourd'hui, la Lucarne est connue dans le pays entier ; Mala et les siens font non seulement le tour de France, mais participent aussi aux séquences à Clairefontaine et à la mi-temps de certains matches de Ligue 1. On les voit régulièrement dans *Téléfoot* sur TF1 et récemment dans le film *4 zéros* de Fabien Onteniente. Si j'ai pu modestement contribuer à valoriser nos quartiers, très loin des clichés que l'on dépeint au quotidien, alors mon engagement fait sens. Et j'en suis particulièrement fier.

Cerise sur le gâteau, avant mon départ lors du premier déplacement à Évry pour le rapport, Mala, le taulier du quartier, me propose de taper le cuir. Avec mon costume et mes chaussures vernies de premier de la classe ! Et, par bonheur, par chance aussi, je réussis à mettre la lucarne au troisième essai. La vidéo devient virale. TikTok affiche sept millions de vues, record à battre. Aujourd'hui encore, il n'est pas rare de me faire arrêter par des jeunes dans la rue pour revoir ma Lucarne sur leur portable et faire un selfie.

Faire changer les choses est possible. Il est désormais de notre ressort collectif de faire du sport un vecteur d'excellence pour chacune et chacun d'entre nous, d'égalité des chances, de féminisation, d'opportunités sociales et professionnelles, de valorisation des efforts d'inclusion des personnes en situation de handicap, de lutte contre l'homophobie, le racisme et la radicalisation, de formation et d'insertion, sinon de réinsertion professionnelle. Les Jeux olympiques et paralympiques Paris 2024 ont été une excellente occasion de le montrer. Et ils l'ont démontré majestueusement, au-delà de ce qu'on pouvait imaginer !

Pendant le temps des Jeux, la France s'est retrouvée autour de ses champions, elle a vibré pour ses équipes nationales, elle a entonné *La Marseillaise* dans tous les stades du pays, elle a retrouvé la fierté d'être redevenue le centre du monde. Maintenant, il faut transformer l'essai. Généraliser le sport à l'école et dans l'entreprise. Accompagner les clubs formateurs et leurs éducateurs. S'inspirer des campus américains pour préparer les champions de demain.

Faire nation par le sport, c'est maintenant !

L'adaptation perpétuelle

« Les espèces qui survivent ne sont pas les espèces les plus fortes, ni les plus intelligentes, mais celles qui s'adaptent le mieux aux changements. »

Charles Darwin

Si les tortues géantes des Galápagos chères à Darwin ont traversé le temps, c'est qu'elles ont su s'adapter au lieu inhospitalier, au climat difficile et à la spécificité de chacune des îles. Nous devons être des tortues des Galápagos : c'est à nous, les êtres humains, de nous adapter à la nature, et pas l'inverse. Aujourd'hui, on ne peut plus vivre avec des certitudes : où est le mensonge, où est la vérité ? Le progrès humain va-t-il nous sauver ou nous mener à la catastrophe ?

La religion va-t-elle sauver le monde ou le conduire à sa perte ?

Regarder le monde avec plus de tolérance, admettre ses erreurs, changer son fusil d'épaule quand il le faut, tout en gardant son fil conducteur : notre pays, la France, nos racines chrétiennes et un creuset républicain. Autour, on peut trouver son compte.

Je suis un darwiniste, je crois à l'évolution des espèces. Comme Darwin, je pense que les espèces animales et végétales doivent changer pour survivre et s'adapter aux variations de leur environnement. Je suis un darwiniste, mais dans le bon sens du terme, pas pour exalter l'esprit de compétition au point de laisser les plus faibles sur le carreau. Je soutiens l'idée que les sociétés humaines évoluent vers des formes plus complexes et avancées, grâce à l'innovation, l'amélioration des institutions, l'éducation et la coopération sociale. Dans cet esprit, je suis un libéral interventionniste. La libre concurrence dans le marché favorise les entreprises et les individus les plus compétitifs, les plus efficaces, et élimine les moins performants. Il en est de même pour les idées, l'une pousse l'autre, et la plus utile finit par l'emporter, si on sait la cultiver. À nous, politiques et élus locaux, de lui fournir le cadre favorable pour s'épanouir. D'écouter, de consulter et d'intervenir pour faire émerger les bonnes solutions, d'adapter le cadre pour prendre en compte le changement.

Le darwinisme, c'est accepter que l'actualité s'impose à soi et non l'inverse. Pas si simple, car il faut parfois avaler son chapeau. En 2014, j'aurais juré sans hésiter que je n'armerais jamais ma police municipale. Mais, trois ans après, l'actualité sanglante est passée par là : *Charlie Hebdo* et le Bataclan en 2015, le meurtre de deux policiers, Jean-Baptiste Salvaing et Jessica Schneider, à Magnanville, dans les Yvelines, en 2016, l'assassinat atroce de Samuel Paty en 2020 à Conflans-Sainte-Honorine. Les conditions ont changé et j'ai adapté mon logiciel, parce que la menace terroriste se rapproche et devient concrète pour mes concitoyens.

Il faut être très à l'écoute de l'histoire de notre temps, et ne pas camper sur des certitudes qui sont plus des apparences de convictions ou des postulats idéologiques. Je pense qu'un élu qui ne s'adapte pas à la situation du moment a perdu d'avance. Rappelez-vous Lionel Jospin à la présidentielle de 2002. Il a perdu sur deux fronts : celui de l'emploi en 1999 (« *L'État ne peut pas tout* », voir le dossier Michelin) et celui de l'insécurité, qui ne serait qu'un « *sentiment* », en 2002. Le scrutin va parler. Le peuple a toujours raison.

Le rôle du député a considérablement changé. Parce que le rôle d'un parlementaire qui passait beaucoup de temps à écrire et réécrire des lois au Palais-Bourbon est révolu. On ne peut pas dire qu'il faut alléger le dispositif législatif et réglementaire et passer autant de temps à en proposer et en écrire de nouvelles. François Hollande, élu président de la République en 2012, s'était engagé à ce que chaque norme créée soit assortie de la suppression de deux autres. En

2017, quand il a quitté le pouvoir, le nombre de pages réglementaires produites annuellement avait augmenté de 31,5 %. Presque un tiers en plus.

Chers collègues parlementaires, revenons au terrain. Nous ne sommes pas cooptés entre nous, mais élus par les citoyens, il ne faut jamais l'oublier. Et il faut savoir d'où l'on vient pour savoir où l'on va. Je ne fais pas la course à celui qui sera le plus présent sur les bancs de l'Assemblée nationale – ce fameux concours Lépine du plus assidu –, mais je suis certain d'être dans le Top 5 des députés les plus présents en circonscription depuis 2022. Je ne me trompe pas de combat, et j'ai été récompensé par les électeurs en 2024.

Il y a des moments où il faut être présent, et d'autres où il faut faire entendre sa voix. Et ma voix n'est pas exclusive au parti auquel j'appartiens, même si je soutiens Emmanuel Macron. Ma voix est exclusive à mes administrés, dont je suis le porte-voix, au sens littéral du terme. Ma voix peut être celle de mon parti, elle est d'abord celle de mon pays.

S'adapter en permanence, ce n'est pas changer d'idée à tout bout de champ. « *Ce n'est pas la girouette qui tourne, c'est le vent* », disait le président Edgar Faure, un élu d'une autre époque au bon sens proverbial. Il faut sentir le vent, mais sans se laisser emporter par ses émotions ou par un électoralisme viscéral.

On se rappelle, en juillet 2004, l'affaire de la fausse agression antisémite dans le RER D. C'est l'histoire d'un fait divers qui n'a jamais eu lieu, mais qui a pourtant fait la une de l'actualité ; il a mobilisé les plus hautes autorités du pays, chef de l'État compris, pendant trois jours, jusqu'à la découverte de la supercherie. C'est surtout l'histoire d'un emballement médiatique exceptionnel, fruit d'une surenchère politique émotionnelle incontrôlée.

L'élu doit faire preuve d'empathie, mais ne pas sombrer dans le désordre émotionnel. « *Il faut savoir raison garder* », disait la marionnette de Jacques Chirac aux *Guignols*, alors qu'elle virevoltait dans tous les sens. La prise de décision doit être nourrie d'humanisme, mais empreinte de rationalité. Humanité, efficacité. Partir d'un cas particulier, puis généraliser au plus grand nombre. Partir d'une expérience locale, puis généraliser sur le territoire, dans le département, pourquoi pas dans toute la France. En 1885, le jeune Joseph Meister est mordu à quatorze reprises par un chien enragé à Steige, en Alsace. Son pronostic vital est engagé. Le docteur Jacques-Joseph Grancher convainc Louis Pasteur et ses collaborateurs de vacciner le jeune homme. Cette première vaccination sur un être humain sera un succès retentissant qui se répandra dans toute la France, puis le monde entier. Tout a commencé le 4 juillet 1885 à Steige…

Rendre possible l'impossible !

« *Inventer, c'est penser à côté !* »

Albert Einstein

Nous sommes en janvier 2021, la France sort tout juste du deuxième confinement et on attend avec impatience la mise en circulation des premiers vaccins contre le Covid. Le ministère de la Santé, l'agence régionale de santé et le préfet se préparent à choisir les heureux élus qui pourront ouvrir un centre de vaccination doté des précieuses doses. À Poissy, on ne veut pas attendre. Je prends contact avec le docteur Christian Lehmann, un médecin généraliste de ma commune, avec qui j'avais pourtant eu un sérieux différend concernant une question de médecine du travail. Qu'à cela ne tienne, la question aujourd'hui est : « *Qu'est-on capables de faire ensemble ?* » Banco, au travail ! En moins de quarante-huit heures chrono, il prend en main les spécificités médicales, je me charge de l'accompagnement logistique, et on ouvre le 7 janvier le premier centre de vaccination de ville, « Chez Mauricette », en référence à la première femme vaccinée en France. Installé dans une salle des fêtes, le centre vaccine sur rendez-vous jusqu'à cinq cents personnes chaque jour, avec le soutien actif de mon ami Raymond Letellier, chargé de mission, omniprésent sur place. Sans perte de temps ni de vaccins, telles sont les consignes données par le docteur Lehmann. « *Aucune dose ne doit être jetée. Dans le plan du gouvernement, il peut y avoir une perte de 20 % à 25 % des doses, ce n'est pas possible.* » J'ai appelé le président Macron pour l'avertir de cette initiative et il me répond : « *C'est formidable, je t'envoie le ministre de la Santé.* » Je reçois en effet un coup de fil du ministère de la Santé – pas d'Olivier Véran, mais d'un N-2 ou N-3. Il me dit tout de go : « *C'est une très bonne idée, mais vous n'allez pas pouvoir faire ça, c'est trop compliqué et on n'a pas le temps de faire les autorisations nécessaires.* » Et moi de lui rétorquer : « *Écoutez, ce n'est pas la peine de perdre votre temps, on va le faire.* »

« *Ils ne savaient pas que c'était impossible, alors ils l'ont fait !* » écrivaient Mark Twain et Marcel Pagnol. C'est exactement ça !

On l'a fait grâce à deux personnes qui ont oublié leur différend pour apprendre à travailler ensemble. Qui ont su innover, se réinventer aussi. Et penser autrement. Une culture du compromis que l'on a l'habitude de pratiquer dans les Yvelines et qui serait la bienvenue à l'Assemblée nationale, où prime depuis l'été 2024 la loi du chacun pour soi et de l'ostracisme.

On l'a fait grâce à une coopération exemplaire entre le maire et son équipe, le préfet et ses services, et aussi l'agence régionale de santé, qui a pleinement joué le jeu. Pourtant, qu'est-ce qu'on n'a pas dit et écrit cette année-là sur les rigidités de l'ARS…

On l'a fait grâce à l'aide précieuse de l'hôpital public de Poissy et de sa coopération avec la médecine généraliste de ville, deux univers qui n'ont pas l'habitude de se parler, mais qui sont capables de travailler ensemble quand il s'agit de l'intérêt général. Et si on instillait un peu plus de « privé » dans le « public » ?

Le sens de l'intérêt général n'est pas l'apanage de la technostructure d'État, qui a trop tendance à vouloir tout régenter et qui méprise systématiquement les élus locaux, jugés incompétents et inconséquents. Cette gigantesque opération de vaccination a démontré une fois de plus l'agilité et l'efficacité des maires, la richesse du maillage territorial, la capacité des élus à rassembler tout le monde autour de la table pour produire des solutions innovantes, dans une démarche « gagnant-gagnant ». On a créé des passerelles entre les mondes, c'est aussi une grande fierté.

Savoir-faire et faire-savoir !

« *La réussite, c'est un peu de savoir, un peu de savoir-faire et beaucoup de faire-savoir.* »

Jean Nohain

Tout au long de mes deux mandats, depuis 2014, j'ai refusé de m'enfermer dans mon rôle et dans mon bureau de maire. Trop souvent, il est entendu que le maire, une fois élu, est coincé entre ses dossiers et ses parapheurs dans son bureau, dont il ressort quinze jours avant les élections. « Plus tu le cherches, moins tu le trouves, comme le sucre dans le café ! »

J'ai cassé cette rumeur majoritairement infondée dès mon installation. Mon passé de journaliste aidant, j'ai démontré exactement le contraire, en m'adossant à deux piliers : le miroir et le service. Ce que fait le maire (puis le député) au quotidien, et comment il améliore celui des administrés. Autrement dit, et le savoir-faire, et le faire-savoir.

Et voilà comment, systématiquement accompagné d'un collaborateur de cabinet hier ou d'un attaché parlementaire aujourd'hui, je débarque dans mes déplacements, quels qu'ils soient.

Sur les marchés de Poissy par exemple, tous les jeudis et dimanches depuis plus de dix ans – et encore aujourd'hui –, je déambule, pour saluer les gens et prendre la température. De la ville et du pays. Un problème de logement, un sujet de voirie, une explication sur un projet de loi, une suggestion sur l'excuse de minorité, une amélioration de la desserte de bus, une colère sur le pouvoir d'achat… tout y passe, c'est la Samaritaine ! Mais le sel de mon engagement, l'essence même de notre rôle est là. Je n'ai pas forcément et toujours la solution au problème posé, mais je suis présent. Et c'est ce que les

Français demandent. Je m'engage à revenir vers les administrés. Le service après-vente est géré par le collaborateur à mes côtés, qui prend note. Dans les soixante-douze heures, l'interlocuteur reçoit un premier document de courtoisie, avant un second sur la résolution (ou non) et/ou le traitement de son dossier. Et s'il le faut, nous officialisons par la suite un rendez-vous, à la permanence ou au bureau. La mécanique est bien huilée. Certes, il existe à la mairie des services pour ça, mais faut-il pour autant envoyer paître les demandeurs ? Je suis un manager-minute, mon bureau, c'est le terrain ! Ce qui est vrai sur ma méthode dans les déambulations sur les marchés l'est également dans l'ensemble de mes déplacements dans les vingt-trois villes de ma circonscription. Entre 2014 et 2024, j'ai ainsi généré pour cet exercice la rédaction de quatorze mille courriers, traité 100 % des demandes, et résolu près de 65 % d'entre elles (on ne dit pas oui systématiquement à tout). Enfin, la boucle est bouclée avec la diffusion sur les réseaux sociaux de nos actions, si modestes soient-elles. Pourquoi ? Pour montrer s'il le fallait que le rôle de maire et de député dépasse de très loin les frontières du bureau de l'hôtel de ville ou de l'Assemblée nationale. Et que nous sommes accessibles !

Ce faire-savoir peut-être particulièrement utile et très efficace quand il est utilisé à bon escient.

La crise sanitaire a été, sous beaucoup d'aspects, un véritable révélateur. Également pour nous autres élus. Pendant le premier confinement, à partir de la mi-mars 2020, une question s'est très vite posée : comment garder le contact et informer une population totalement assignée à résidence ? Et que dire de nos aînés, privés de tout contact social du jour au lendemain. Mon sang n'a fait qu'un tour. Le maire s'est transformé en présentateur télé (je n'ai pas eu à me forcer !), mon bureau de l'hôtel de ville s'est mué en véritable studio d'enregistrement. Nous avons décidé de diffuser tous les jours un journal de trente minutes en direct sur Facebook à 19 heures (l'importance de la récurrence aux mêmes heures pour fidéliser le téléspectateur). En martelant les consignes de sécurité, en partageant et en montrant les initiatives locales. Enfin en répondant en direct aux questions des personnes connectées. Un véritable journal de 20 heures que nous avons réussi à mettre en œuvre en sortant chacun de notre zone de confort, en ayant même la capacité d'insérer des reportages dans les séquences d'information. Ce n'était pas un mince exploit : un maire journaliste, un directeur de cabinet et une cheffe de cabinet rédacteurs en chef, un collaborateur réalisateur et producteur, deux autres rédacteurs reporters… Le tout, et c'est aussi un paradoxe, dans une ambiance détendue et parfois hilarante. Jamais je n'aurais imaginé retrouver mes premières amours, avec à la fois un travail d'éditorialiste et de rédacteur en chef. Il m'a paru important de donner aux Pisciacais le même niveau d'information que de service. Le service (améliorer le quotidien des gens) et le miroir (faire connaître ce que l'on fait pour eux), les deux piliers de notre action. À lire et entendre les milliers de commentaires positifs, on ne s'est pas trompés. C'est bien ça, « Bouge ta France ».

Cultiver le collectif

« *Seul on va plus vite, ensemble on va plus loin.* »
Proverbe africain

Jouer collectif fait partie de notre ADN familial. Dans la famille Olive, on était huit en comptant mes parents, et on a toujours parlé à la première personne du pluriel, jamais du singulier. Quand j'étais gamin, on avait à la maison une table de ferme avec deux bancs de chaque côté. On mangeait tous ensemble, personne ne partait avant la fin du repas. On mettait la table ensemble, on la desservait ensemble, avant de passer tous à la vaisselle.

J'ai toujours véhiculé ces valeurs. Le fait de pratiquer le football va dans le même sens. Au foot, on ne peut rien faire si on ne joue pas collectif. En équipe de France, Platini n'aurait pas été Platini sans Giresse. Zidane n'aurait pas eu la même verve sans Deschamps, l'aboyeur en chef.

À propos de football, l'histoire du campus du Paris-Saint-Germain est inspirante.

Premier épisode. 2005. Michel Denisot, ancien président délégué du PSG, est directeur adjoint du groupe Canal+, alors propriétaire du club. Considérant que le Camp des Loges est trop exigu et que l'armée refuse d'en faire une extension, il me confie la mission de trouver un site d'accueil pour le PSG. Je m'y attelle, associé à Dominique Casagrande, ancien gardien du club, reconverti spécifiquement dans le développement économique et sportif du PSG, dont c'est le métier. Nous proposons à l'époque un site à Poissy, la ferme du Poult, mais l'affaire n'a pas abouti et le Camp des Loges a pu être agrandi. Fin de l'épisode.

Deuxième épisode. En 2006, je participe aux Jeux asiatiques à Doha et je visite l'immense centre sportif et culturel du Qatar. Sa dimension fonctionnelle peut faire le bonheur de n'importe quel footballeur, handballeur ou sportif de haut niveau, avec des conditions d'accueil incomparables.

Troisième épisode. En 2011, les Qataris rachètent le PSG et je suis persuadé dans mon for intérieur qu'ils ne resteront pas au Camp des Loges. Je commence à travailler secrètement l'idée qu'on peut les faire s'installer à Poissy et j'envoie des bouchons. Notamment à Jean-Claude Blanc, le nouveau directeur général délégué du club. Parallèlement, j'identifie un terrain de près de trente hectares préempté par la Ville de Poissy pour en faire un immense centre commercial, culturel et architectural. Évalué à neuf millions d'euros à l'époque de Jacques Masdeu-Arus, maire de Poissy jusqu'en 2008, le coût est passé à douze millions sous son successeur, Frédérik Bernard. La chambre régionale des comptes relève cette anomalie financière et la pointe dans son rapport. Élu maire en mars 2014, je m'engage à régler le problème avant le

31 décembre. Pari tenu grâce à l'Établissement public foncier des Yvelines (EPFY) piloté par Pierre Bédier, nouveau président du conseil départemental des Yvelines, qui rachète le terrain pour geler son utilisation. Dans la foulée, le PSG annonce vouloir augmenter la superficie initiale de son projet. Ce ne sont plus vingt, trente, cinquante, mais soixante hectares que le club recherche. Il nous faut donc des acquisitions foncières supplémentaires pour agrandir le périmètre concerné. Avec la confiance indéfectible de Jean-Claude Blanc, le Département, la Région Île-de-France, la préfecture, la chambre d'agriculture, la communauté urbaine, le député David Douillet, un seul chef de service de la Ville et le président du PSG, Nasser al-Khelaïfi, nous travaillons en mode discret pour approcher les agriculteurs et racheter leurs terres non exploitées. À l'été 2016, ce sont soixante-quinze hectares qui sont disponibles pour l'opération dont je rêve. Pour Poissy, et égoïstement pour l'amoureux du foot que je suis.

Quatrième épisode. Le 11 juillet 2016, le PSG signe l'installation de son centre d'entraînement à Poissy. « *Seul on va plus vite, ensemble on va plus loin.* » Chacun a apporté sa pierre à l'édifice, grâce à ses compétences et ses réseaux. Je crois à l'addition des qualités et non pas des contraires. Ce dossier PSG est le fruit d'un travail collectif exemplaire et une victoire d'équipe, pas la victoire du seul Karl Olive.

C'est aussi le fruit d'un alignement de planètes dans la même semaine.

– 11 juillet 2016 : signature du PSG pour son campus de Poissy.

– 16 juillet 2016 : la villa Savoye de Poissy, œuvre de Le Corbusier, est inscrite au patrimoine mondial de l'Unesco.

La tête et les jambes. Le sport et la culture. Tout est dit.

L'humain au cœur de l'organisation

« *Déconnecté de toute visée de civilisation ou d'humanisme, le progrès n'a plus d'autre justification que son propre mouvement.* »

Luc Ferry

Mettre l'homme au cœur de l'organisation est pour moi une évidence. C'est le cœur de mon engagement, associatif puis politique. Et même professionnel, car je fonctionne toujours ainsi. Un homme politique ne peut pas se contenter d'être élu, avant de passer à autre chose. Les administrés – mais je n'aime pas ce mot, surtout dans ce contexte –, ou plutôt les habitants, sont au centre de tout. Ce sont eux qui vous accordent leur confiance, qui valident vos projets, qui attendent en retour une qualité de vie supérieure. Il n'a d'ailleurs échappé à personne qu'avec le mot « maire » vous formez le mot « aimer » !

Aimer ses équipes. Et les respecter. C'est le message que j'ai envoyé solennellement quelques jours après mon élection de 2014. De façon très inattendue…

Premier rassemblement avec les agents de la Ville. À la fin du mois d'avril 2014, je propose à tous les collaborateurs de la collectivité – titulaires, contractuels, stagiaires – de nous retrouver pour présenter notre méthode de travail et rappeler les principales règles de la collectivité. Ce qui n'a pas été fait depuis près de vingt ans ! Comment peut-on gérer une ville de quarante mille habitants, qui compte plus de mille agents, et ne pas commencer par se présenter et donner les principales orientations de sa gestion au quotidien ? Le lieu pour accueillir l'ensemble du personnel est le théâtre Molière, à l'intérieur même de l'hôtel de ville. C'est donc sur scène, avec l'ensemble des élus, majorité et opposition confondues, que nous leur présentons notre feuille de route, l'équipe de direction générale des services et le nouvel organigramme.

Pour ne rien vous cacher, je rêvais de cette première allocution depuis longtemps.

Et je tenais à y intégrer certains passages du discours de bienvenue de Nelson Mandela à ses collaborateurs au lendemain de sa victoire à l'élection présidentielle, le 11 mai 1994. Un modèle de tolérance, d'humanisme et d'élégance. J'ai une profonde admiration pour Madiba.

Ce discours général aux agents est le fondement de notre gestion du personnel municipal.

En voici quelques extraits :

« *Au début de l'année 2012, alors qu'approchait doucement mais sûrement l'échéance municipale, je m'étais promis que, en cas de victoire, j'organiserais avec mon équipe d'élus et la nouvelle équipe dirigeante une réunion avec l'ensemble des personnels administratifs de la ville pour nous présenter et présenter la nouvelle organisation. Cela m'apparaissait comme une évidence.*

« À cette époque, il y a plus de deux ans, rien n'était écrit. Mais commander, c'est prévoir. Et quand on est chef d'entreprise, l'anticipation est un maître-mot. Deux ans ont passé. L'histoire a parlé. Et pour tout vous dire : bien plus encore que ce que nous imaginions.

« Nous avons énormément travaillé. Et j'ai toujours constaté que le travail entraînait le talent, et le talent entraînait la réussite. Certains ont parlé de chance. Je les entends. La chance : plus je travaille, plus elle me sourit.

« Me voilà donc devant vous, parce que je l'ai décidé, je m'y étais engagé.

« Nous vous le devons. J'ai basé mon engagement sur la transparence et sur le respect. Et cela commence par les premiers concernés, les premiers acteurs de notre ville, pour laquelle, vous comme nous, chacun à sa manière, travaillons pour une meilleure qualité de service public.

« Pourquoi ce rendez-vous ? Tout simplement parce que je ne supporte pas qu'on impose des règles sans que les premiers concernés n'en soient informés.

« C'est un contrat gagnant-gagnant. Ces valeurs par exemple, on nous les inculque très jeunes dans le sport. Il y a des règles du jeu. Connues de tous, appliquées, jamais interprétées. Soit vous êtes dans le jeu, soit vous êtes hors du jeu. Et certains se mettent parfois hors jeu… tout seuls. Je viens de l'entreprise, mais je viens aussi du sport. L'un des principaux travers des hommes politiques, quelle que soit leur obédience, est de trop souvent imposer. Rarement concerter, rarement expliquer. Puisse Poissy devenir une des exceptions à ces mauvaises habitudes. À notre arrivée, j'ai remarqué un certain soulagement dans la très grande majorité des services. Cela fait chaud au cœur. Poissy ouvre une nouvelle page de son histoire et les opportunités qui s'offrent à nous sont réelles. Encore faut-il bien les appréhender. Mais pour être sincère, dans certains bureaux, sur le visage de certains d'entre vous,

j'ai noté aussi de l'inquiétude, que je peux comprendre. Naturellement, si vous souhaitez partir, c'est votre droit. Et si vous sentez au fond de vous que vous ne pouvez pas travailler avec cette nouvelle équipe, il vaut mieux partir… En effet, sans attendre. D'ailleurs, si je le constate, je vous le demanderai. Mais, si vous vous préparez à partir parce que vous craignez que votre opinion, vos actions passées ou avoir travaillé pour l'ancien maire vous disqualifient pour travailler ici, alors, je tiens à vous le dire : n'ayez pas ce genre de crainte. Le passé est le passé… Nous regardons vers l'avenir, maintenant.

« À chacun d'entre vous, tout ce que je demande, c'est de faire votre travail dans la mesure de vos capacités, de faire le maximum, sans tricher, d'oser, sans a priori, *et d'y mettre tout votre cœur pour Poissy. Il n'y a qu'un seul luxe dans la vie, c'est de pouvoir se tromper… Ce qui m'irrite le plus, c'est la prudence, l'immobilisme.*

« Nous ne sommes pas là pour subir, nous sommes là pour construire. Nous ne sommes

pas là pour douter. Ni vous ni moi. Le doute est l'ennemi des grandes entreprises et des grands projets ! J'attends de vous que vous soyez force de proposition, c'est aussi la clé de notre réussite commune.

« Creusez-vous la tête, s'il vous plaît, pour trouver des solutions quand d'autres passent des heures à chercher des excuses.

« Je promets de faire de même. Si nous y parvenons, notre ville deviendra un phare qui éclairera tout le département. »

Je me souviens encore des regards, des sourires, des applaudissements de nos chers agents. L'acoustique de la salle a fait son plus bel effet…

Si jamais j'avais écouté la technostructure, si je n'avais pas cru à l'impossible, jamais je n'aurais réalisé et impulsé (avec mes collègues) tout ce qui a été fait à Poissy depuis dix ans. Bien sûr, le résultat est gratifiant : le campus du PSG, le tramway, le campus XXL Stellantis, les Trois Arches, la Maison bleue, la Navette bleue, l'écoquartier…

Je suis fier que nous les ayons lancés et réussis ensemble. Et surtout que ces réalisations apportent un véritable bénéfice pour les habitants : des emplois, un système de soins de proximité, une meilleure qualité de vie, un accompagnement post-médical.

Il n'y a pas de politique sans humanisme. Ceux qui le pensent, ceux qui échafaudent des stratégies urbaines déconnectées de la vie sont balayés à la première séquence électorale. La politique, ce n'est pas un juke-box. Il ne suffit pas d'appuyer sur le bouton pour lancer une chanson à succès et gagner une partie gratuite au flipper.

Il y a trente-cinq mille maires en France, autant que dans tout le reste de l'Union européenne. Malgré toutes les incitations politiques et financières, le nombre de communes n'a été réduit que d'environ deux milliers en vingt ans, au grand dam de l'administration d'État, qui considère les maires comme dépensiers et inefficaces, bref, inutiles. Moi, je suis persuadé que la force de notre maillage territorial à travers ses maires est une chance pour la France. Que serions-nous devenus pendant la crise des Gilets jaunes, le Grand Débat national, les émeutes urbaines, s'il n'y avait pas eu les maires et leur capacité à calmer le jeu et à mobiliser des ressources humaines, que ce soit à travers leur réserve citoyenne ou leur police municipale ?

De temps en temps, pris d'un accès de folie, nos dirigeants s'engagent dans une logique entrepreneuriale et tombent dans le fantasme du « *big is beautiful* ». À l'instar d'une multinationale, on embauche des *cost-killers*, on désosse, on regroupe, et on se met à fantasmer sur le cercle vertueux de l'élargissement généralisé.

Le redécoupage des régions en grandes régions en est l'exemple le plus frappant. Redécoupage à la hache sur un coin de table à l'Élysée. Même la Bretagne a failli y passer, il a fallu un coup de téléphone furieux de Jean-Yves Le Drian pour arrêter ce petit jeu. Humain, trop humain.

Finalement, on se retrouve avec treize grandes régions métropolitaines, dont certaines n'ont aucune cohérence historique ou géographique. Que partage un paysan de la Creuse avec un retraité de Biarritz au sein de la Nouvelle-Aquitaine ? Un habitant de Nogent-sur-Seine, dans l'Aube, est à moins de cinquante kilomètres de la banlieue parisienne, alors qu'il est à quatre cents de sa capitale régionale, Strasbourg ? On agrandit les territoires et on en oublie les hommes. Sans en tirer aucun bénéfice. La Cour des comptes n'a toujours pas réussi à démontrer le bénéfice financier de ce démantèlement régional. Et sur le plan économique, nos grandes régions n'arriveront jamais à concurrencer la Bavière ou la Lombardie, qui bénéficient d'un niveau d'autonomie politique incomparable. La technostructure veut construire des régions fortes, mais elle ne leur en donne pas les moyens, ni politiques ni financiers.

Alors, il reste les maires, les fantassins de la République. Leur légitimité, ils la tirent de leur proximité. Leurs moyens, c'est leur inventivité, leur capacité à trouver des solutions. « *Small is beautiful.* »

Le cercle vertueux de l'économie locale

« *Rien ne se perd, rien ne se crée, tout se transforme !* »

Antoine Lavoisier

La société d'hyperconsommation, associée à la mondialisation, nous entraîne dans un cycle infernal, produire toujours plus de biens à l'obsolescence programmée, acheter de plus en plus loin pour dégager le maximum de marge. D'où ce contre-modèle d'économie circulaire, lancé au début des années 2000 : produire des biens de façon durable, en veillant à préserver les ressources et la consommation de matières premières, valoriser les déchets, favoriser le réemploi ou le recyclage en fin de vie.

Une boucle vertueuse, qui crée de la valeur pour le producteur et le consommateur, que nous avons adaptée à Poissy sous le vocable « cercle vertueux de l'économie locale ». Développer l'activité et l'emploi à Poissy, venir habiter sur place, consommer local et soutenir ainsi l'activité, la boucle est bouclée. La clé, c'est la création de richesse. Venant du monde de l'entreprise, je sais que, quand vous avez un euro dans la poche, vous n'en dépensez pas deux. Je sais aussi que les créateurs de richesse sont les entreprises, certainement plus que les villes, départements et régions. Il faut donc tout mettre en œuvre pour permettre aux entreprises qui veulent s'installer sur votre territoire d'obtenir les conditions de leur réussite. Le campus Paris-Saint-Germain à Poissy en est l'exemple parfait. Aujourd'hui, ce sont soixante-quinze hectares, trois mille arbres, 92 % d'espaces naturels et sensibles, mille emplois pendant la durée des travaux et sept cents emplois pérennes par la suite. Dix ans de travail d'équipe pour ce résultat qui sert tout le monde, pas seulement une poignée de footballeurs. Le campus, c'est un incroyable aspirateur d'économie. Porsche est venu s'installer à Poissy dans la foulée, avec l'une des plus grandes concessions d'Europe. Le tramway T13 va être prolongé de Saint-Germain-en-Laye jusqu'à Achères en passant par Poissy. La rénovation du centre hospitalier intercommunal a été actée pour près de 80 millions d'euros. On a construit quasiment deux mille logements en dix ans. PSA va installer son plus grand campus XXL vert d'Europe. La pérennité de l'emploi est garantie. En tant que maire, ça a été mon premier combat. En dix ans, la ville de Poissy est redevenue le premier bassin d'emploi de la vallée de la Seine. C'est le fruit d'un travail collectif et de la confiance que nous avons su créer avec tous nos partenaires : la préfecture, le conseil départemental, le conseil régional, la communauté urbaine. Et les chefs d'entreprise, bien sûr.

Le campus PSG est le dossier le plus emblématique du « cercle vertueux de l'économie locale », mais il y en a bien d'autres.

J'en veux pour preuve la transformation de mon quartier de jeunesse de la Coudraie : six cents logements, 100 % sociaux, rénovés et transformés en neuf cents logements, dont 70 % en accession libre. La mixité sociale est de retour – même si tout reste fragile –, c'est bon pour les relations humaines, le parcours résidentiel et le commerce de proximité. Et je suis très fier du quartier Rouget-de-Lisle, que nous avons transformé en écoquartier au cœur d'un environnement qui respecte la transition écologique. Nous serons l'une des premières villes d'Île-de-France à récolter les déchets par aspiration pneumatique, en utilisant les compétences d'une entreprise d'Île-de-France, trouvée à moins de quarante kilomètres. Circuit court, cercle vertueux.

Concernant l'agriculture, on n'a pas à attendre tout de l'État et tout de l'Europe. On pourrait, pour les restaurants scolaires, imposer d'aller chercher les produits dans un rayon local de quarante kilomètres, comme je le fais pour les entreprises, ce qui permettrait de faire vivre les producteurs locaux de viande, de fruits et de légumes. Mais, pour cela, il faut simplifier les marchés publics et faire confiance aux acteurs locaux.

La compétence « développement économique » a été transférée à l'intercommunalité ? Et alors ? Est-ce que cela m'a empêché d'organiser depuis 2017 les rencontres économiques au forum Armand-Peugeot de Poissy ? Quatre cents chefs d'entreprise et acteurs économiques du département des Yvelines se retrouvent pour échanger sur l'actualité économique du territoire, et c'est aussi l'occasion d'échanger de bonnes pratiques intercommunales. Poissy a son bras armé, la Semap, Société d'économie mixte pour l'attractivité de Poissy : un outil au service de notre ville et de ses forces vives. Un pilotage chirurgical pour accompagner les programmes immobiliers d'entreprises ou de surfaces commerciales, et proposer des solutions aux entreprises en termes d'espace de travail, de bureaux, d'ateliers, d'entrepôts de stockage, tout en favorisant le bien-être des salariés.

Employer le parler-simple et le parler-vrai !

« *Ce qui se conçoit bien s'énonce clairement, et les mots pour le dire arrivent aisément !* »

Nicolas Boileau

Je termine volontairement cette partie sur la « méthode KO » par le chapitre sur le discours, lequel complète le « chiasme » déjà évoqué entre savoir-faire et faire-savoir. Autrement dit, comment bien faire passer son message. Là encore, mon passé de journaliste puis de formateur en prise de parole en public m'a convaincu de l'importance de bien communiquer. Loin de moi l'idée de donner des leçons en la matière, il existe des experts. On en trouve bien des prémices dans le *Discours de la méthode* de René Descartes en 1637. On n'a rien inventé. Mais je fonde l'expression de ma communication depuis toujours sur le principe de Nicolas Boileau, homme de lettres, contemporain de René Descartes, qui conseillait aux avocats en 1674 : « *Ce qui se conçoit bien s'énonce clairement, et les mots pour le dire arrivent aisément !* »

Il y a tout dans cette formule. Ce n'est pas être présomptueux que de dire que je suis réputé pour mon franc-parler et ma liberté de ton. Je l'ai toujours été et je l'assume pleinement. Certains de mes « amis » qui me veulent du bien (c'est ironique !) me qualifient d'électron libre. C'est faux. Mais je ne suis pas plus un député godillot aujourd'hui qu'un maire autruche avec la tête dans le sable hier. Je n'ai jamais été construit ainsi. Je dis les choses. Avec authenticité et avec mon cœur. En utilisant le plus possible le « sujet, verbe, complément » pour être compris du plus grand nombre. C'est le b.a.-ba de la communication. C'est ce qu'attendent nos administrés. C'est ce qu'apprécient les Français, qui me le disent très régulièrement quand je les croise dans mes déplacements.

Sur Europe 1/CNews : « *Monsieur Mélenchon devrait être fiché S, c'est un danger pour la société !* » On peut partager ou pas, mais tout le monde comprend.

Sur RTL, à propos du très gros salaire de Kylian Mbappé : « *Mbappé, ce n'est pas une dépense pour le PSG, c'est un investissement, il fait partie du patrimoine de la France !* » Tout le monde comprend.

Sur TF1, à propos du mauvais résultat des législatives pour la majorité : « *On s'est plantés. On a passé notre temps à flinguer le RN et le Front populaire avant de défendre notre bilan !* » Tout le monde comprend.

Sur BFM TV, aux côtés de Bernard Tapie, après le confinement : « *Arrêtons de tortiller, que veulent les Français ? Que leur frigo soit rempli ! Le reste, ils s'en tamponnent !* » Tout le monde comprend.

Sur France Info : « *Certains ministres devraient faire comme les maires au quotidien.*

Aller sentir le cul des vaches. Ils seraient moins déconnectés ! »

Je suis sollicité quotidiennement ou presque par les journalistes pour des plateaux télé (car ce sont bien eux qui m'appellent et non l'inverse). Je suis un bon client, me disent-ils. Pour reprendre une expression sportive, en général je ne fais pas le voyage pour rien. Dire les choses n'est pas un crime de lèse-majesté. Ma communication ne consiste pas seulement à répondre aux journalistes. Je suis là pour faire passer un message. À mes administrés et aux Français. C'est bien ma cible.

Parfois je me pince quand certains invités prennent la parole. Coluche disait juste : « *Le mec, tu lui poses une question, quand il a fini de te répondre, tu ne sais plus la question que tu as posée !* » C'est exactement ça. Et tellement flagrant. Quand vient mon tour, le discours est beaucoup plus simple, plus fleuri et plus compréhensible. Avec une bonne dose d'humour et de sourire souvent.

« *L'ouverture d'esprit n'est pas une fracture du crâne* », « *Avec ces propos, vous ne risquez pas d'inventer la machine à courber les bananes !* », « *À passer votre temps à prédire l'avenir, vous seriez capable de nous donner l'arrivée du tiercé. Mais jamais avant, toujours après la course !* », « *Vous ne faites rien, mais vous le faites bien* »...

La liste n'est pas exhaustive. Il n'est pas rare que je reçoive des SMS d'amis et personnalités à la suite de mes interventions : Macron, Larcher, Platini, Catherine Lara, Rebsamen, Pécresse, Bertrand, Darmanin, Philippe, Onteniente, Acariès... Deux enseignements : ces personnes-là regardent aussi les chaînes et radios d'info. A priori, elles comprennent aussi ce que je dis ! Et comme moi, elles ont peut-être lu Boileau !

TROISIÈME PARTIE

20 IDÉES POUR FAIRE AVANCER LA FRANCE

Quand on est élu maire, on ne dispose pas d'un manuel de bonnes pratiques. On s'inspire de ce qui a été fait. De réussi ou de moins réussi. On écoute. On a été élu sur un programme, qu'il convient de mettre en œuvre. Mais surtout on s'adapte aux circonstances, qui évoluent, au contexte économique, qui a ses hauts et ses bas, et particulièrement aux besoins de la population, qui vous remontent tous les jours des rencontres de terrain. C'est souvent à partir de ces rencontres, d'un fait divers, d'une conversation, que mes idées se sont concrétisées. J'en ai retenu vingt qui ont marqué mes presque dix ans de mandat municipal à

Poissy. J'ai choisi de les présenter par ordre chronologique, parce qu'elles racontent l'histoire d'un homme, d'une équipe, d'une ville qui se transforme, avec cette incroyable parenthèse qu'a été la crise sanitaire liée au Covid. Un moment où l'être humain s'est retrouvé face à lui-même, à sa solitude, à ses peurs, à sa place dans la société. Comment se nourrir, comment circuler, comment vivre en famille et en société ? Nous avons dû faire preuve de pragmatisme et d'imagination pour faire face à ces besoins, sans l'aide de l'État, en comptant sur nos propres forces individuelles et collectives. L'idée de Bouge ta France est peut-être née de ces heures de confinement, dont on sentait confusément qu'on ne sortirait pas indemnes. Dans le monde d'après… Un monde où l'on devra attendre moins des institutions que de notre imagination collective. Parce que seul on va plus vite, mais ensemble on va plus loin.

1
C'est une Maison bleue, la Maison des aînés

Poissy vieillit, comme la plupart des communes de l'Ouest parisien. Un quart de la population a plus de 60 ans et, en dix ans, le nombre de personnes âgées est passé de sept mille sept cents à huit mille huit cents. Je m'en étais préoccupé dès ma campagne municipale de 2014 avec une promesse de guichet unique pour les aînés, une idée qui avait été insufflée par Céline Olive-Baudry, mon épouse, et Aline Smaani, notre future élue. Promesse tenue dès janvier 2015, en compagnie de Gérard Larcher, le président du Sénat, de Pierre Bédier, président du département des Yvelines, et de David Douillet, notre député, avec l'inauguration de la Maison bleue, le premier guichet unique des Yvelines à destination des aînés pisciacais de plus de 60 ans. Insérée au sein du centre communal d'action sociale, la Maison bleue a pour mission d'être facilitatrice de vie, d'être une actrice de proximité et de prévention de la perte d'autonomie. Elle a donc une vocation sociale, mais au sens large du terme, car toute personne de plus de 60 ans, quel que soit son niveau de revenu, peut en pousser la porte. Pour prendre des cours de cuisine, pour se faire livrer ses repas à domicile, pour s'initier à l'informatique ou tout simplement pour passer un peu de temps, voilà la Maison bleue. C'est comme à la Samaritaine, on y trouve tout !

À l'heure où les démarches en ligne isolent encore plus les personnes âgées, victimes de la fracture numérique, c'est un guichet unique à visage humain, animé par une équipe pluridisciplinaire (animateurs, assistantes administratives et sociales, professeurs de sport adapté, et toujours, parce que j'y tiens, une équipe de bénévoles). Les bases du succès sont toujours les mêmes : la coopération et la mise en commun de moyens. L'espace de 450 m², situé en plein centre-ville, est un ancien local désaffecté de la Trésorerie générale. Le département des Yvelines y est présent avec les assistantes sociales de la coordination gérontologique locale et on a fait de la place pour les associatifs, avec des permanences de France Alzheimer.

La Navette bleue est venue dans la suite logique de cette démarche. À la demande des aînés non motorisés, pour se rendre au cimetière ou faire leurs courses, c'est une navette gratuite et quotidienne, avec vingt arrêts en ville, dont les emplacements ont été choisis en concertation avec eux. Le transport en commun ne relève pas de la compétence d'une commune, cela nous coûte 200 000 € par an, mais c'est un service que l'on doit à nos administrés et qui correspond à un réel besoin de la population.

Encore une fois, il faut se reposer sur les maires, les « fantassins de la République ». Les maires savent tout, ils connaissent les préoccupations de leurs administrés, parce qu'ils passent beaucoup de temps avec eux. Et quand on passe du temps, on connaît les besoins.

Je ne suis pas sur un logiciel vertical. Élu local avant tout, je fonctionne sur un système horizontal, dans une forme pyramidale, et surtout pas en silo. Travailler en silo, c'est le péché mignon de l'administration française. Cela entrave la communication entre les services et les empêche de collaborer efficacement pour produire plus de solutions plus rapidement. La clarification des compétences de chaque collectivité est nécessaire, sinon ce serait le bazar total. Mais elle ne doit pas être le prétexte pour fermer la porte aux initiatives. Comme Nicolas Sarkozy, je bannis le « ce n'est pas possible », parce que je pense que « tout est possible », avec de l'intelligence humaine et de la bonne volonté.

2
La préparation des conseils municipaux dans les quartiers : l'humain au cœur de nos décisions

Une première en France : la préparation des conseils municipaux dans les quartiers ! Quand je répète qu'il faut mettre l'humain au cœur de l'organisation, je ne fais que m'inspirer du *Contrat social* de Jean-Jacques Rousseau, écrit en 1762. « *Les maisons font la ville, mais les citoyens font la cité.* » J'ai toujours considéré qu'une fois les engagements validés par les habitants, on s'épargne un maximum de problèmes et de recours. C'est pourquoi j'ai développé à Poissy, dès ma première élection de maire en 2014, une large palette d'outils de proximité.

Les conseils municipaux dans les quartiers. Poissy est une des seules villes de France – peut-être la seule – où l'on prépare les conseils municipaux dans les quartiers avec les habitants.

Le schéma est simple, une plage de trois heures. En général, un lundi par mois. Clés de l'efficacité : la présence de tous les élus. Le maire n'est pas omniscient. La présence de tous les chefs de service, celle d'acteurs invités. Et bien sûr les habitants, préalablement avertis, par flyers, dans les boîtes aux lettres du quartier.

– Une heure pour parler de l'actualité de Poissy. De l'avancement des projets, des réalisations concrètes. Sans tabou ni faux-semblants. Les Pisciacais comme les Français sont capables de tout entendre, ce qui est possible et impossible. Et quand ce n'est pas possible, il ne faut pas hésiter à leur dire pourquoi.

– Une heure pour échanger sur l'actualité du quartier, en mode très concret : si on aménage un city-stade, on fait venir l'entreprise compétente ; si c'est un sujet immobilier, on invite le promoteur. Si possible, on aborde un sujet en lien avec l'ordre du jour du conseil municipal. Avec la présence, pourquoi pas, du directeur de la poste ou du responsable de la Maison de quartier.

– La troisième heure est en configuration kir/cacahouètes – un héritage des réunions gaullistes ! –, afin de poursuivre les débats dans un cadre amical et informel. C'est presque la plus importante. C'est ici que se dénouent bien des tensions…

Entre 2014 et 2022, j'ai tenu cent vingt réunions de préconseil, afin de couvrir chaque année la quasi-totalité des douze quartiers de Poissy, chaque mois un secteur différent. Attention, il ne faut pas s'y tromper : ce n'est pas un one-man-show du maire, c'est un forum d'échange perpétuel. Et c'est même parfois virulent, mais, avec le recul, tellement efficace. On écoute, on propose, on s'adapte, on corrige si nécessaire. C'est ça, le darwinisme.

Nous avons aussi les référents de quartier. Deux référents par quartier, un élu municipal, un non-élu, totalement hors du champ politique, qui est la personne à qui l'on vient se confier pour faire remonter l'information. Et les habitants ont la possibilité, via le journal municipal, de se connecter avec chacun des référents. C'est la base de la démocratie de proximité : si le leader, en l'occurrence le maire, est élu sur un projet, il est essentiel d'assurer le service après-vente avec les administrés en les associant à la mise en œuvre. L'appareil d'État devrait s'en inspirer : si le projet de loi sur les retraites avait été mieux expliqué, il ne serait pas aussi mal passé. « *Quand c'est flou, c'est qu'il y a un loup* », disait Martine Aubry. Et il y a un certain temps que les loups ont disparu des alentours de Poissy !

Autre instance de concertation et d'action : le CLSPD (comité local de sécurité et de prévention de la délinquance). Il existe dans toutes les villes, mais chez nous il fonctionne et se réunit une fois par trimestre. Autour de la table, le préfet (ou le sous-préfet), les élus municipaux, les chefs de service concernés, la police nationale et municipale, certains responsables associatifs, les acteurs de la prévention spécialisée, mis en place par les départements des Yvelines et des Hauts-de-Seine, sous la houlette de l'excellent Thierry Olive (sans lien de parenté avec moi). Mots d'ordre : écoute, partage, solutions, efficacité. Et ça marche, les résultats sont là. Et ça n'a pas de prix.

Je viens du monde du sport, du football en particulier. Je crois à la force du collectif. Je n'aime pas parler à la première personne du singulier, je choisis plutôt le pluriel. Si j'emploie le « nous », ce n'est pas un « nous » de majesté, mais un « nous » de partage. Face à la montée de l'individualisme et de l'égocentrisme, la société a besoin de « nous ». Nos concitoyens apprécient qu'on les rencontre, qu'on les écoute, qu'on les entende et qu'on s'occupe d'eux. Ils ont besoin d'être rassurés, sur leur quotidien, leurs ressources, leur sécurité, leur avenir.

On ne peut pas tout attendre de l'État, mais il se doit de fournir ce pour quoi il existe : assurer la sécurité extérieure et intérieure du pays, définir le droit et rendre une justice équitable, garantir la monnaie, la souveraineté et l'indépendance du pays. On doit être dans un contrat gagnant-gagnant, car c'est en échange de ces pouvoirs régaliens que les gens acceptent de payer des impôts, voire beaucoup d'impôts. La France est le pays le plus imposé au monde, et il y a pourtant un vrai sujet sur l'autorité de l'État dans notre pays, dans toutes les strates de la société. L'autorité de l'État s'est délitée au fil des années, et pourtant on se tourne vers lui pour nous sortir de l'impasse. Il faut changer de logiciel. Bouge ta France, c'est aussi un appel à reprendre notre destin en main, collectivement.

3
Le Codès, la boîte à idées participative…

Nous sommes à la fin de l'année 2013, je suis en déplacement professionnel à Bordeaux pour un événement auquel participe le maire, Alain Juppé. L'après-midi au café, je lis dans le journal *Sud-Ouest* que la ville de Bordeaux s'est dotée d'un Conseil de développement économique et social dénommé (Codés). Un outil paramunicipal, sans aucun élu, composé d'un collège de citoyens, qui peut être saisi par le maire sur un certain nombre de problématiques. La Ville suit ou non ses recommandations, qui éclairent toutefois sa lanterne.

Cela m'interpelle par rapport à mon projet pour Poissy et j'en parle à Alain Juppé en l'invitant à venir à Poissy fêter le premier anniversaire du futur Codés. Il me répond tout de go : « *Soyez d'abord élu, et je viendrai inaugurer votre Codés ensuite.* »

Un an plus tard, je suis élu maire, et Alain Juppé tient sa promesse de venir inaugurer le Codès de Poissy un an après son ouverture, en septembre 2015.

Véritable instance indépendante de démocratie participative, le Conseil du développement économique et social de Poissy (aujourd'hui Conseil de développement environnemental, économique et social) est composé de membres bénévoles motivés, nommés par le conseil municipal, après avoir fait acte de candidature au moment du renouvellement de ce conseil. Ils représentent les forces vives de la ville, issues du secteur associatif, éducatif, culturel, sportif, social ou économique, à l'exclusion de toute personne élue ou conjoint(e) d'élu(e).

Il se réunit quand il le souhaite, et il peut être saisi par le maire sur un sujet particulier. J'ai eu l'occasion de le faire sur différents dossiers : la réforme des rythmes scolaires, la sécurité, les pistes cyclables, le commerce de proximité. Il produit des rapports dont les conclusions n'ont pas de caractère impératif, la seule instance apte à prendre des décisions restant le conseil municipal.

La démocratie participative, tout le monde en parle, mais peu de communes l'assument pleinement. Les conseils de quartier sont souvent des chambres d'enregistrement qui s'adressent à certains initiés, sans oublier quelques râleurs patentés. Au Codés, mené par la présidente Florence Roussel et son vice-président, Bernard Garczynski, la parole est libre et les avis pertinents. C'est un pilier indispensable du dispositif de démocratie de proximité, complété par les conseils municipaux dans les quartiers, les référents de quartier, le conseil des sages et le conseil municipal junior.

Les bonnes idées ne sont pas l'apanage des élus. S'agissant de la vie quotidienne et du cadre de vie, chacun peut avoir la parole, le maire et le conseil municipal prenant la décision finale, car garants de l'intérêt général. C'est ainsi que cela se passe à Poissy et j'en suis fier.

Les bonnes idées, de la même manière, ne sont pas confinées à Poissy. On ne pratique pas assez le benchmark dans l'univers des collectivités territoriales. On peut monter des usines à gaz qui seraient évitables si l'on regardait comment cela a fonctionné ailleurs. Du fait de l'argent de plus en plus rare et du regard de moins en moins indulgent de nos administrés, l'efficacité doit devenir le maître-mot de la gestion locale.

4
Les remèdes contre la désertification médicale

La désertification médicale est une réalité en France, et pas seulement au fin fond de la Lozère ou du Loiret. À Poissy, à moins de trente kilomètres de Notre-Dame de Paris, nous souffrons de la disparition progressive de nos médecins et de la difficulté croissante d'accès aux soins. Vous me direz que ce n'est pas de la compétence municipale, mais je vous réponds que c'est la vraie vie des gens, comme la sécurité, le logement, l'accès au commerce et les problèmes de transport.

J'ai donc choisi de prendre le dossier en main, avec mon adjoint Vincent-Richard

Bloch, hélas décédé depuis, qui a été médecin généraliste à Poissy pendant cinquante ans, un vrai médecin de famille à l'ancienne, disponible sept jours sur sept. Nous avons donc réalisé en 2015 un diagnostic territorial, constatant une offre de soins déclinante : près de 45 % des généralistes et plus de 50 % des spécialistes avaient plus de 60 ans. Mais installer de nouveaux médecins sur une commune n'est pas simple, parce qu'il n'y a plus de médecins formés à l'ancienne, et qu'ils rechignent à investir dans un cabinet médical personnel (on peut les comprendre). Il faut donc penser à aider à l'installation et à la mutualisation. Et impliquer la Ville, car la santé, ce n'est pas une dépense, c'est un investissement.

La commune a donc voté une prime d'installation de 5 000 € pour chaque médecin s'installant dans la maison de santé pluridisciplinaire la Collégiale que nous avons imaginée – 60 000 € pour douze médecins –, en complément de l'investissement de nos partenaires, la Région Île-de-France (193 000 €)

et l'agence régionale de santé (250 000 €). Installée au sein de la clinique Saint-Louis, dans des locaux vacants depuis 2007, elle a été inaugurée en novembre 2019 avec onze professionnels de santé (dont quatre qui n'exerçaient pas à Poissy auparavant) : deux médecins généralistes, deux allergologues, une psychiatre, une psychologue, un pédicure-podologue, un psychomotricien, deux infirmières et une sage-femme.

C'est une vraie réussite, grâce à l'investissement de tous : l'agence régionale de santé, la clinique Saint-Louis, les collectivités territoriales et bien sûr les professionnels de santé qui ont fait le choix de Poissy. Un choix économique, mais aussi humain : ils bénéficient ainsi de conditions de travail qui vont permettre de trouver un équilibre entre vie privée et vie professionnelle tout en favorisant l'échange de pratiques et la coordination des soins. Et c'est encore un contrat gagnant-gagnant : les médecins installés se sont engagés à participer aux gardes pour les certificats officiels de décès.

Cette maison de santé est une étape importante dans la lutte contre la désertification médicale, mais ce n'est qu'une étape, car la pénurie de praticiens en France crée une concurrence féroce. C'est pour cela que la nouvelle maire de Poissy, Sandrine Berno Dos Santos, planche sur un système de bourses pour les futurs médecins en échange d'un engagement à s'installer à Poissy et y rester au moins deux ans. Bravo, du bon sens et un contrat gagnant-gagnant.

5
L'outil pour un plein de commerces de proximité

Un jour de 2015, en faisant mon habituel petit tour de ville et des différents quartiers, je découvre qu'un commerce de restauration rapide a fermé ses portes. Ce fonds de commerce appartient à une amie qui vit à Saint-Germain-en-Laye. Je l'appelle et elle m'explique qu'elle fait appel, pour la gestion du local, à un agent spécialisé qui le loue entre 1 700 et 2 000 € par mois, ce qui est hors de prix pour un bail commercial à Poissy. Conclusion : l'entrepreneur s'acquitte de son loyer les six premiers mois, paye en partie en espèces les six suivants et finit par jeter l'éponge. Et il devient de plus en plus difficile de trouver un remplaçant. C'est tout le problème des bailleurs n'habitant pas la ville, qui fixent des loyers totalement hors marché, ce qui pose un vrai problème de vacation commerciale à Poissy, comme dans beaucoup d'autres villes.

Je prends donc une décision radicale : il faut taxer les friches commerciales pour obliger les propriétaires à bouger. En avril 2016, le conseil municipal vote le doublement des taux de la taxe foncière pour les propriétaires de locaux commerciaux vides depuis au moins deux ans. Celle-ci passe de 20 % la première année à 40 % au bout de la troisième année de vacance. Attention, il n'est pas question de tirer sur l'ambulance en étranglant des propriétaires déjà à la peine pour louer leur bien. Il s'agit plutôt de faire la chasse aux propriétaires « indélicats » qui refusent de mettre leur bien en location ou bien qui le font à des conditions surévaluées par rapport au marché.

L'objectif est de réguler le marché immobilier et d'éviter les loyers exorbitants, loin de la réalité économique. C'est important également en termes d'image : le commerce attire le commerce et une dent creuse prolongée dans une rue commerçante est un obstacle à la chalandise.

Nous ne nous sommes pas trompés : comme par hasard, le taux d'occupation des locaux commerciaux est remonté très rapidement à 97 % après cette mesure fiscale. Nous partions de loin, environ 65 %. La preuve qu'il est souvent utile de frapper au portefeuille.

Et d'autres villes nous ont emboîté le pas, partout en France : Saint-Quentin-en-Yvelines et Compiègne en 2017, Abbeville en 2019, Périgueux en 2020. La vertu de l'exemple. Il n'y a pas eu besoin d'alerter le ministre du Commerce, de pondre un projet ou une proposition de loi, de s'inscrire dans la navette parlementaire : un constat, une idée, un vote du conseil municipal et le tour est joué.

La méthode est toujours la même : partir de la réalité du terrain, discuter et dialoguer avec les gens concernés pour faire émerger la solution, faire preuve de souplesse et d'adaptabilité, prendre des décisions claires, rapides et bien expliquées. Avec toujours cette logique du gagnant-gagnant, qui est mon ADN.

La démarche s'est complétée d'une autre décision. Une zone de préemption municipale en hypercentre. La Ville a désormais la main pour décider quel commerce elle souhaite à tel ou tel endroit dans le périmètre choisi. Ce qui peut éviter de compter vingt coiffeurs, vingt agences immobilières, vingt restaurations rapides dans la même artère…

6
L'euro symbolique pour faire vivre la terrasse

« *Karl, fais quelque chose pour nous, on va crever. Agrandis nos terrasses !* » Je me souviens encore de ce cri du cœur de Gaby, le propriétaire du restaurant Le Gamin de Poissy sur la place de la République.

On est en mai 2020. Le Covid a déferlé sur la France et sur le monde. Comme presque partout en Europe, le gouvernement a décidé de confiner les Français à partir du 17 mars pour les protéger, au moment où il n'y a encore ni masques, ni vaccins. J'ai raconté comment nous avons, à la mairie, été en première ligne sur ces deux sujets. Mais, au-delà, il y avait une dimension psychologique essentielle. Après sept semaines de confinement, sans relations humaines en dehors du cercle familial, alors qu'une période exceptionnelle de beau temps perdurait tout au long du printemps, il fallait que nos compatriotes puissent se retrouver, échanger à nouveau, profiter d'espaces de détente pour boire un verre (avec modération) et partager un repas autour d'une table. Mais dans un premier temps, jusqu'à la mi-juin, pas de clientèle en salle. Comme Gaby, plusieurs restaurateurs de Poissy m'ont appelé pour me dire qu'ils auraient besoin, pour ouvrir et répondre à la demande, d'agrandir leur terrasse, ou même pour certains d'en créer une. Donc de déborder sur la voie publique. Ce qui s'appelle, dans le Code des collectivités locales, l'occupation du domaine public, donnant lieu au versement par l'occupant d'un droit de voirie à la Mairie. On aurait pu appliquer bêtement la règle, mais n'était-ce pas prendre le risque de mettre en difficulté nos commerçants, pour certains déjà fragilisés par près de deux mois d'inactivité totale ou partielle ? Ou même de favoriser ceux qui ont déjà une grande et belle terrasse au détriment des autres.

J'ai donc décidé de lancer la règle de la terrasse à l'euro symbolique. Chaque restaurateur qui le souhaitait a eu la possibilité, en échange du versement d'un euro à la Mairie, de créer ou d'agrandir sa terrasse sur le domaine public, avec pour règle du jeu de ne gêner ni la circulation ni la concurrence. Rien d'anarchique dans tout ça, mais, comme je l'aime, un contrat gagnant-gagnant issu d'un échange entre l'entrepreneur et les élus, et la signature d'un pacte de confiance. Il faut casser en France cette relation verticale entre une administration normative et retranchée dans ses règles de droit et les personnes ou les entreprises qui ont des idées, qui innovent et qui créent de la richesse.

Car c'est la clé, la conséquence positive du cercle vertueux de l'économie locale qui est mon mantra. À Poissy, à la sortie du confinement, tous les restaurateurs ont pu s'agrandir pour répondre à la demande des clients désireux de profiter du retour à cette belle tradition française des terrasses de café. Ce qui a réinjecté de l'argent dans l'économie locale et donc, à un moment ou un autre, dans les caisses de la Mairie. Pour cela, à une question posée, pas de réponse toute faite ou strictement normative. Comme le disait Nicolas Sarkozy à son administration : « *Ne venez jamais me voir en me disant ce n'est pas possible, entrez dans mon bureau avec des solutions.* » C'est la culture du résultat face au diktat de la technostructure, qui veut imposer ses règles jusqu'au plus petit échelon local. Ce qui m'intéresse en tant qu'élu local, c'est de trouver des solutions concrètes et efficaces aux questions soulevées par mes concitoyens. Ce qui a été salué par un de mes contacts Facebook : « *Un maire, comme le président de la République, est élu au suffrage direct. C'est ce qui lui donne la légitimité de décider.* » C'est flatteur, pas tout à fait exact juridiquement, mais c'est si vrai dans la réalité !

D'où ces terrasses à un euro symbolique, une façon d'assouplir les règles qui a fait des petits en France, comme on a pu le voir à Commercy (Meuse) ou à Clermont-Ferrand (Puy-de-Dôme).

7
Le plan de départs volontaires pour dégraisser le mammouth

Élu maire en 2014, je constate que la commune de Poissy compte un millier d'agents municipaux, soit deux cents agents de plus que pour une ville de taille identique. Protégés par le statut de la fonction publique, la plupart d'entre eux sont quasi inamovibles, sauf mutation dans une autre commune. Mon objectif n'était pas de virer deux cents agents, d'autant qu'ils font pour la plupart bien le travail qui leur est demandé, mais de ramener la charge de personnel à un niveau raisonnable. Il faut donc être imaginatif. D'où cette proposition faite en avril 2016 de plan de départs volontaires pour les mille employés municipaux. Un dispositif qui n'est pas forcé, mais à l'initiative de l'agent volontaire, avec une forte incitation financière. La compensation financière va en effet de 15 200 à 90 000 € en fonction du grade et de l'ancienneté du fonctionnaire. C'est un dispositif incitatif, gagnant-gagnant, entre l'employé et l'employeur : la collectivité paye une certaine somme pour alléger à terme sa masse salariale, l'agent public dispose d'un petit pécule pour changer de vie, passer dans le privé ou monter son entreprise. Résultat : une dizaine d'agents communaux ont fait le choix de toucher cette compensation financière pour quitter la collectivité. C'est au-dessous de nos espérances, mais c'est un premier coup de canif dans le dogme de l'emploi à vie dans la fonction publique. Trop de maires pratiquent encore le clientélisme en recrutant massivement au lendemain des élections, et surtout à l'approche de l'échéance municipale. Et en cas de changement de majorité, le successeur n'a plus de marge de manœuvre financière, plombé par des charges de personnel pouvant aller jusqu'à 70 % de son budget de fonctionnement.

Mon idée a fait des petits, jusqu'au plus haut niveau, puisqu'en février 2018 le gouvernement d'Édouard Philippe a envisagé de recourir à un « *plan de départs volontaires* » concernant la fonction publique dans le cadre de ses projets de réforme de l'État et de suppression de cent vingt mille postes. Le ministre de l'Action et des Comptes publics, Gérald Darmanin, s'en était expliqué : « *Nous allons étudier, avec les organisations syndicales, une fois que cette réforme de l'État aura été adoptée, la possibilité d'imaginer avec les agents publics un plan de départs volontaires pour ceux qui souhaiteraient partir. Il ne s'agit pas de faire un plan de départs volontaires pour tout le monde, bien évidemment. Il s'agit d'adapter nos services publics et de le faire avec et pour les agents publics.* »

À dire vrai, si cette initiative a été très largement plébiscitée à l'échelon national, elle s'est heurtée au plafond de l'indemnité de départ, bien trop insuffisant au regard de l'engagement pris par l'agent. Mais le coup de pétard est parti !

Ce plan de départs volontaires dans la fonction publique répond à une problématique plus profonde encore. À l'instar du privé, il ne peut plus subsister dans le public d'emplois garantis à vie sans respecter un minimum de droits et devoirs. Je ne sais pas vous, mais je vois très rarement de licenciements ou de radiations d'agents dans la fonction publique. Et pourtant, sans stigmatiser – car encore une fois j'ai fait la démonstration à Poissy que nous avions des agents de très grande qualité –, un certain nombre ne ferait pas grand temps dans le privé…

La réforme de l'État n'a pas encore été à son terme. Elle était sur la table avec Stanislas Guérini, ministre concerné, juste avant la dissolution. Mais la question reste d'actualité : faut-il moins de fonctionnaires, mais mieux payés ? Le statut de la fonction publique est-il adapté pour des postes aussi spécifiques que la communication numérique ou l'assistance informatique ? Ne faudrait-il pas créer plus de passerelles, dans les deux sens, entre public et privé ? L'expérience acquise d'un univers à l'autre serait bénéfique à tous.

8
La réserve citoyenne pour rendre la vie facile

Quand nous avons commencé à élaborer le Plan communal de sauvegarde de la ville de Poissy, en étroit partenariat avec les autorités préfectorales, les forces de sécurité, la Protection civile, j'ai trouvé qu'il manquait un maillon dans la chaîne, celui des citoyens, que l'on peut mobiliser quand il se passe quelque chose de grave dans la ville. D'où cette idée de réserve communale que nous avons lancée en 2019.

Au départ, j'étais plutôt focalisé sur l'idée de mobiliser pour cela les agents de la collectivité, mais nous avons rapidement souhaité l'élargir à l'ensemble des Pisciacais.

Cette réserve s'adresse à tous, avec comme seuls critères d'engagement : le bénévolat, la disponibilité et la volonté de s'impliquer auprès des habitants.

Encadrée par la Protection civile, cette réserve vise à donner un cadre à l'engagement de tout citoyen volontaire pour apporter son soutien, ses connaissances, ses compétences au bon déroulement des opérations de sauvegarde et de secours sur le territoire de Poissy. C'est l'humain au cœur de l'organisation. Sans sacrifier à l'organisation : les missions sont définies par la Mairie à travers un règlement intérieur. Et la réserve communale ne se substitue pas aux services publics de secours et d'urgence, mais elle est formée pour venir en appui en cas de situation de crise, premiers secours, repérage et évaluation des besoins, évacuation, soutien, réconfort et accueil des sinistrés, distribution de ravitaillement.

Justement, pendant le premier confinement, tous les jours, sur la place de la République, la réserve communale, renforcée par quatre-vingts bénévoles, se retrouvait pour faire les courses pour les aînés. Un véritable ballet, une fourmilière vêtue de dossards jaune fluo. Il y avait une liste de cent à deux cents personnes à ravitailler, et chacun partait avec sa liste de provisions, faisait les courses et portait directement le colis à la personne âgée qui l'attendait. À situation exceptionnelle, moyens exceptionnels, et sans la réserve communale, on n'aurait pas pu le faire.

L'engagement bénévole dans la réserve communale n'exige pas de critère particulier ni de condition d'âge ou d'aptitude physique. Les seules exigences sont celles de la disponibilité et la volonté de se mobiliser au service de tous. Après un entretien personnalisé, les personnes retenues signent un engagement d'un an reconductible et bénéficient du statut de collaborateur occasionnel du secteur public.

9
Le Plan communal de sauvegarde pour dompter les crues

Ce matin-là, il y avait foule dans le parc Meissonier à Poissy. À la fin du printemps 2016, avec la complicité du chef de la police municipale, des pompiers et de mon cabinet, j'avais décidé de faire un exercice à blanc : la recherche active de deux enfants dont les parents n'avaient plus de nouvelles depuis quelques heures. La noyade, l'égarement et même l'enlèvement étaient trois scénarios sur la table…

Poissy a la chance d'être en Île-de-France, dans un secteur non exposé aux tremblements de terre, même politiques ! En revanche, le fait de voir la Seine couler sur nos terres nous fait inscrire, depuis 2007, dans la zone PPRI (Plan de prévention des risques d'inondation). Ce plan détermine les dispositions à prendre pour réduire l'exposition des personnes et des biens aux risques d'inondation, et pour éviter de faire obstacle à l'écoulement des eaux et de restreindre les champs d'expansion des crues. Ce plan ne nous met pas à l'abri, mais pose un cadre d'action législatif et réglementaire.

Élu maire, je décide donc d'aller plus loin et je demande à mes équipes de préparer un exercice simulé d'intervention, en partenariat avec les services de la préfecture, les pompiers, la police… Exercice réussi, qui nous faire élaborer un cahier des prescriptions dans lequel tout est noté et hiérarchisé : la place et la fonction de chacun, la communication de crise, la présence de faux journalistes, l'appel à la réserve citoyenne, la présence de visiteurs de plus en plus nombreux…

Commander, c'est prévoir ! Une semaine plus tard, en juin 2016, épisode réel cette fois de crue de la Seine. On décline à la lettre le cahier des charges travaillé quelques jours auparavant. Nous nous en sortons avec les honneurs grâce à ce cahier, qui va devenir un Plan communal de sauvegarde (PCS). Ce document définit l'organisation prévue par la commune pour assurer l'alerte en cas d'événement majeur, pour diffuser l'information préventive sur les risques majeurs et pour la protection et le soutien de la population.

Celui-ci fait l'objet d'une information préventive aux Pisciacais par le biais du Document d'information communal sur les risques majeurs (Dicrim). Un Plan particulier de mise en sûreté (PPMS) des élèves est mis en place dans les établissements scolaires sous l'égide de l'Inspection académique.

Évidemment, ce Plan communal de sauvegarde est enrichi et amélioré après chaque épisode de mise en œuvre, dans le cadre des crues, mais aussi des chutes de neige ou des périodes caniculaires. En 2017, rebelote avec la montée des eaux. Les propriétaires îliens sont dévastés. Pour faciliter leurs démarches administratives, très chronophages, je sollicite via les réseaux sociaux un gestionnaire de cabinet d'assurance en ville et lui propose de mettre en place une permanence pour mutualiser et régler les doléances des sinistrés. Le tout est porté par un mécénat de compétences incitatif fiscalement pour l'assureur. L'opposition municipale, fidèle à elle-même, fustige cette initiative, jugeant que ce n'est pas le rôle de la Ville d'agir ainsi en accompagnant à ce point les habitants. Ce n'est pas du tout l'avis des personnes concernées, qui seront remboursées et traitées plus réactivement qu'à l'habitude !

Je suis fier de ce qui a été fait, car ce PCS est la preuve qu'il ne faut pas tout attendre de l'État, mais que le maire et la collectivité territoriale doivent prendre leurs responsabilités et proposer aux citoyens un outil adapté au contexte local et à l'évolution technologique.

Autrefois, on sonnait le tocsin pour signifier une alerte. Il a été remplacé par une sirène et, aujourd'hui, la ville de Poissy s'est dotée d'un système de télé-alerte qui permet d'informer en temps réel les Pisciacais de tous les risques naturels, technologiques, sécuritaires ou sanitaires par l'envoi de mails, de SMS et de messages vocaux. Des alertes et informations qui peuvent être ciblées, comme lors des épisodes de crue, où les messages intéressent en priorité les quartiers riverains du fleuve.

10
Le sport pour lutter contre l'absentéisme

Élu maire de Poissy en 2014, j'ai lancé la Cavalcade, un rendez-vous hebdomadaire pour tous les amateurs de jogging en forêt. Un an plus tard, un participant, agent de la ville de Poissy, me lance le défi : « *Pourquoi ne pas courir pendant le temps de travail ?* » Je l'avais pratiqué en travaillant à Canal+. Pour Michel Denisot, le sport était vraiment indissociable de notre activité et de notre rendement. « *Alors en mairie, mais oui, pourquoi pas, si cela peut être un plus en termes de santé physique et mentale.* »

Entre 2014 et 2017, nous avons réalisé à Poissy 25 % d'économies de fonctionnement, sans aucune augmentation des taux d'imposition, avec un service à la population renforcé et un taux d'investissement record. Les agents communaux y sont pour beaucoup et j'ai décidé d'améliorer leurs conditions de travail en leur proposant deux heures de sport par semaine, dans le temps de travail. Je ne compte pas le nombre de coups de téléphone furieux que j'ai reçus de gens se croyant importants, mais je n'ai rien lâché. Ce n'était pas pour moi un gadget, mais l'aboutissement d'un processus. En relation avec les organisations syndicales, nous avons instauré à notre arrivée à la mairie, en 2014, un vaste plan d'amélioration des conditions de travail : mise en place du télétravail (avant même le Covid) pour mieux concilier vie professionnelle et vie privée, sensibilisation du management aux risques psychosociaux, procédure d'entretien de reprise d'activité… Et les résultats sont là.

Le dispositif Poissy bien-être a été lancé en 2017. Chaque agent de la Ville peut ainsi choisir sur son temps de travail parmi quinze activités sportives (marche nordique, natation, aquagym, badminton, tir à l'arc, fitness...), organisées par les animateurs sportifs de la Ville. Sept ans plus tard, le bilan est très positif, notamment pour ce qui concerne la cohésion d'équipe, le bien-être, la diminution du stress et de l'absentéisme.

À mon arrivée, l'absentéisme moyen du personnel communal était de vingt jours et demi par agent et par an, ce qui représentait pour la collectivité un coût de fonctionnement de plus de deux millions d'euros par an. En 2024, ce chiffre est tombé à dix-sept, soit trois jours de moins. CQFD.

Le sport est un catalyseur social transversal. Quel que soit le service, quelle que soit la catégorie, A, B ou C, on se retrouve ensemble pour nager avec palmes ou faire de la musculation. *Mens sana in corpore sano.* À titre personnel, il y a déjà bien longtemps que je suis convaincu. Je fais quatre à cinq séances de sport par semaine et, en trente ans de vie professionnelle, j'ai été en arrêt maladie cinq jours, en 1994. Et vraiment parce que je ne pouvais pas faire autrement : une méningite herpétique.

Oui, le sport, c'est la santé !

Nous avons reçu beaucoup de demandes de renseignements sur notre dispositif, mais jusqu'à présent aucune autre mairie n'a franchi le pas en France. On recense des initiatives pendant la pause méridienne (entre midi et deux) dans quelques collectivités. Le privé s'y est mis plus rapidement, mais rien de comparable. Pourtant, nous avons le soutien unanime de tous ceux qui nous épaulent dans la concrétisation de cette première dans le domaine public : des élus aux représentants de l'Assurance maladie en passant par la médecine préventive et les agents, premiers concernés !

Avec ce levier du sport « amélioration des conditions de travail et baisse de l'absentéisme », il faut foncer dans les collectivités et dans les entreprises, sans état d'âme. C'est ce que j'ai entamé à la fin de mon mandat de maire en 2022 avec l'hôpital intercommunal de Poissy-Saint-Germain, dont j'étais président du conseil de surveillance, en mettant à la disposition des hospitaliers qui le souhaitaient les salles municipales et l'encadrement par les éducateurs de notre dispositif Poissy bien-être. En échange de formations de premiers secours pour les miens. Contrat gagnant-gagnant là encore.

11
Les logements à coût maîtrisé… pour petits et grands

Discussion avec un ami, comme moi père de trois grands enfants. Il est effaré par le loyer que doit payer un de ses fils à Paris pour une chambre de bonne avec toilettes sur le palier. Il faut faire quelque chose, il n'est pas normal que nos gamins qui entrent dans la vie active payent des sommes pareilles, c'est de l'argent jeté par la fenêtre. Et si on aidait un jeune qui va quitter le foyer familial à rester dans la commune où il a été élevé et où il a ses amis ? Est-ce qu'on ne pourrait pas inventer quelque chose pour qu'il puisse devenir primo-accédant à un coût raisonnable ?

En tant que maire, je reçois de nombreux promoteurs qui veulent travailler à Poissy. Alors je pose mes conditions : « *Si vous voulez travailler chez nous, il faudra proposer 10 % de votre programme avec des prix maîtrisés, entre 10 et 20 % sous le prix du marché, avec priorité pour les Pisciacais.* »

« *Ce n'est pas légalement correct* », me rétorquent certains. « *Vous dites oui ou non. Si c'est non, on ne va pas se fâcher, mais vous ne travaillerez pas ici.* » Tout le monde a accepté, en rendant possible juridiquement ce qui était impossible quelques instants auparavant !

En vertu du cercle vertueux de l'économie locale, tous les programmes construits à Poissy proposent aujourd'hui, et pas seulement pour des petites surfaces, des logements à coût maîtrisé pour les Pisciacais. Mieux encore, dans les QPV (quartiers en politique de la ville) Beauregard et Saint-Exupéry, dans lesquels la TVA à l'achat est réduite à 5,5 %, on peut devenir primo-accédant pratiquement au tiers du prix du marché.

Alors on continue. Et notamment dans le nouvel écoquartier Rouget-de-Lisle, où Sogeprom a également accepté de commercialiser des logements à coût maîtrisé pour les primo-accédants pisciacais. Mieux encore, nous avons choisi de privilégier les circuits courts pour nous appuyer d'abord sur les ressources locales. Nous avons signé en novembre 2018 une charte engageant les différents acteurs de l'opération à contractualiser au moins 20 % de leurs dépenses avec des entreprises implantées dans un périmètre de quarante kilomètres. C'est ainsi que l'on a découvert à Asnières une entreprise qui nous a proposé un système de collecte des déchets par aspiration que nous avons adopté pour transformer cette ancienne friche industrielle en un quartier exemplaire en matière d'architecture, de mobilité, d'énergie et de développement économique.

12
Le *made in* Poissy plutôt que le *made in* ailleurs

En plein cœur du premier confinement, quand a été décrétée l'obligation pour les populations de porter un masque pour ressortir, l'État a confié le soin aux collectivités territoriales de les mettre à disposition. Avec un engagement de prendre en charge 50 % de la dépense. Et avec une fois de plus les maires, les fantassins de la République, en première ligne.

J'ai toujours pensé qu'on ne peut pas tout attendre de l'État et je n'ai pas voulu attendre l'arrivée des conteneurs de masques fabriqués en Chine.

Je suis né dans un quartier populaire de Poissy qui s'appelle la Coudraie. Je me suis souvenu d'avoir connu dans ce quartier une famille possédant une entreprise située à Saint-Ouen-l'Aumône, dans le Val-d'Oise, pas très loin de chez nous. Je me suis donc rapproché de la famille Keskin pour savoir si elle était capable de produire des masques pour les quarante mille Pisciacais. Banco, la Ville de Poissy a passé commande de cent mille masques lavables et réutilisables en tissu à l'entreprise Prestma. Ainsi, j'ai été un des premiers maires de grande ville en France à disposer de masques afin d'équiper sa population dès le début du mois de mai 2020. Coût global de l'opération, en incluant la distribution par La Poste : 200 000 €, deux euros par masque. Une dépense importante et imprévue sur le budget communal, mais c'était une question vitale. Pas question d'attendre le feu vert et les subsides de l'État, il fallait prendre les devants, c'est ce que l'on a fait. D'autres maires ont suivi mon exemple, comme mon collègue Philippe Pemezec au

Plessis-Robinson, qui a « réquisitionné » un tailleur de sa ville.

Opération réussie également grâce au soutien de la réserve communale citoyenne. La mise sous pli des masques a été effectuée au Forum Armand-Peugeot de Poissy par une centaine de volontaires, élus, agents communaux et citoyens. Quelle collectivité autre qu'une mairie serait capable de le faire ?

Plus tard dans l'année 2020, nous avons imaginé, avec le département des Yvelines, mobiliser pendant l'automne une quinzaine de couturières, dans un atelier d'insertion, pour produire des masques supplémentaires. Un projet monté par ActivitY', l'agence d'insertion professionnelle du département, en partenariat avec l'association Equalis et la Ville de Poissy (qui met à disposition le local de l'ancienne crèche Les Myrtilles en plein centre-ville). Ce projet était fondé sur le principe gagnant-gagnant auquel je suis très attaché. L'objectif est de permettre à des personnes éloignées du marché du travail de retrouver un emploi et de bénéficier en parallèle d'un accompagnement pour un projet professionnel. Et la Ville de disposer de dix mille nouveaux masques destinés aux personnels des collèges et des lycées, et aussi aux personnes les plus fragiles.

Cette période de crise Covid et du confinement a été particulièrement édifiante sur les comportements et les ressources humaines. « *Le coq ne chante jamais aussi bien que lorsqu'il a les pieds dans la merde !* » dit le dicton. J'y suis très sensible, même si je n'oublie jamais cette citation que l'on prête à Mao : « *Ne compter que sur ses propres forces.* » À Poissy, la rénovation du hall de l'hôtel de ville, de la salle du conseil municipal, ou encore du manège de centre-ville, a été réalisée en régie interne. Volontairement. Pour valoriser le savoir-faire de nos agents et quelques-uns des soixante-treize métiers recensés au sein même de la mairie. J'ai particulièrement tenu à cette appropriation par mes personnels ! Et pas seulement pour les milliers d'euros d'économie que cette décision a pu générer.

13
« Les Trois Arches » pour reprendre goût à la vie

Nous sommes tous concernés par la maladie, et en particulier par le cancer. Je discute avec un de mes amis, malheureusement touché par ce fléau. Il m'explique : « *Je m'en sors, mais il faut s'en remettre après, ce n'est pas toujours si simple. Comment s'habiller ? Se nourrir ? Quels sports pratiquer ?* » Me vient donc l'idée de mettre en place un « plan communal du cancer » appuyé sur une maison que nous avons baptisée Les Trois Arches. Chaque lecteur y trouvera une symbolique différente mais apaisante.

C'est une structure communale, que j'ai volontairement choisi de ne pas adosser à l'hôpital de Poissy, pour que les personnes qui sont en rémission n'aient pas l'impression de retourner à l'hôpital après la maladie. Les Trois Arches se trouvent donc en centre-ville, dans les anciens logements de fonction de l'école Charles-Péguy, gérés par des agents communaux. Après le lancement du plan cancer et un an de travail de mon adjoint délégué à la santé, à la prévention et au handicap, Philippe Dompeyre, nous avons inauguré ce centre en mai 2021, le premier de ce type dans les Yvelines, un des premiers en France, avec celui de Saint-Étienne. Brigitte Macron est d'ailleurs venue voir comment il fonctionne. Toujours dans la logique d'un guichet unique pour simplifier la vie des gens, c'est un pôle d'accueil, d'information et d'orientation :

– Un pôle de soins oncologiques de support : consultation psychologique individuelle, groupes de parole, ateliers de stimulation cognitive, ateliers diététique et nutrition, activités physiques adaptées.

– Un pôle mieux-être : ateliers socio-esthétiques animés par l'association Belle & Bien, ateliers de sophrologie proposés par la Ligue contre le cancer des Yvelines, massages bien-être.

– Un pôle favorisant le lien social : goûters convivialité, café papote, ateliers loisirs créatifs, coloriages antistress, jeux de société et soirées à thème.

Les Trois Arches répondent parfaitement à cette double logique qui m'est chère. Répondre à une situation vécue par mes administrés, pour laquelle ils ne trouvent pas de solution individuelle, ou alors à un prix exorbitant et avec beaucoup d'énergie à dépenser. L'accompagnement du cancer n'est pas de la compétence communale, mais la santé physique et morale de nos concitoyens est une priorité absolue.

Travailler en horizontalité avec les partenaires publics et privés que l'on implique dans le projet : pour Les Trois Arches, le centre hospitalier intercommunal de Poissy-Saint-Germain a adhéré immédiatement, car, selon sa directrice Isabelle Leclerc, « *cette maison est, dans le parcours des patients, un moment de réconfort, pour eux, mais aussi pour leurs proches. Cette structure est complémentaire des soins lourds prodigués à l'hôpital* ». Et les associations ont également suivi avec enthousiasme, tant la Ligue contre le cancer que l'ASP Yvelines (Accompagnement en soins de support et soins palliatifs), dont le président, Pierre Vézy, a déclaré : « *Nous avons changé notre approche pour être plus près des patients que des établissements, et la maison Les Trois Arches répond parfaitement à cette logique. Nous ferons le lien entre la ville et les services hospitaliers.* »

Les Trois Arches, c'est le résultat de l'efficacité par la proximité.

14
Un « pouvoir d'achat citoyen » pour faire baisser la délinquance

Tout est parti de l'incendie du matelas de la fosse de réception du sautoir du stade municipal. Les caméras de vidéoprotection du stade montrent que l'un des deux incendiaires est le fils d'un agent communal. Je convoque le père, qui vient avec son gamin, et je lui dis : « *On en a pour 20 000 € de réparation. Et maintenant, qu'est-ce qu'on fait ?* » Le père se retourne vers son fils pour lui passer une avoinée, pendant que je me dis : « *Ils ne peuvent pas payer, ils n'ont pas les moyens, mais comment peut-on faire pour que cela serve de leçon ?* »

En 2021, il y a un vrai sujet de pouvoir d'achat pour les Français et je voudrais que la mesure punitive possible soit mise en face d'un bénéfice concret. Nous décidons donc de mettre en place un Pass'Culture et un Pass'Sport (juste avant que le Pass culture gouvernemental ne soit généralisé en mai 2021). Notre système est simple : la Ville de Poissy vote une enveloppe annuelle de 50 000 € qui permet à l'un de bénéficier d'une réduction de 30 € sur son inscription au badminton, et à l'autre de payer 50 € de moins pour pratiquer la trompette au conservatoire. Ces passes concernent les enfants de 12 à 17 ans, parce que l'on sait que c'est la classe d'âge qui pose le plus grand nombre de problèmes, souvent rebelle à toute forme d'autorité. En échange, réciprocité entre droits et devoirs : l'enfant doit respecter un comportement citoyen, c'est-à-dire juste normal, ce qui n'est pas la mer à boire.

À défaut, à la première incartade, les accès aux aides financières du Pass'Sport et du Pass'Culture sont suspendus. Mais on ne touche qu'aux aides non obligatoires. Chacun sait que s'attaquer au portefeuille est la plus efficace des menaces. Et cette peur joue un rôle préventif certain. En tant que maire, j'ai réglé une bonne douzaine de dossiers ainsi, en convoquant les parents et en brandissant la menace de supprimer les aides financières. Je n'ai plus eu de problèmes après avec les mêmes familles.

De nombreux maires m'ont appelé à la suite de cette délibération du conseil municipal du 8 février 2021, et je sais que certains, et pas forcément de gauche, sont réservés sur cette mesure, qui pourrait être considérée comme injuste dans certains cas. Je le répète, pour moi, les droits doivent nécessairement être assortis de devoirs. Le jour où un gamin de 12 ans a détruit un abribus à 2 heures du matin, j'ai immédiatement convoqué la famille en brandissant la menace du porte-monnaie, la seule qui fonctionne. Les parents n'ont pas forcément les moyens, mais ils sont responsables et n'ont pas à laisser leur enfant vagabonder en pleine nuit. C'est une question de principe : si on oscille entre laxisme et responsabilité, ça ne fonctionne pas. Et l'immense majorité de la population ne comprendrait pas si l'on mettait en place des dispositifs de réduction pour des personnes qui n'adoptent pas un comportement citoyen.

Début 2024, lors de sa visite officielle à Poissy, Yaël Braun-Pivet, la présidente de l'Assemblée nationale, a pris connaissance en même temps que les élus des résultats de la délinquance dans la commune. Une baisse de 30 % concernant la tranche d'âge concernée par le pouvoir d'achat citoyen. De l'aveu même du commissaire de police, l'efficacité du dispositif a beaucoup joué. Je regrette que le tribunal administratif, saisi par la Ligue des droits de l'homme, l'ai suspendu pour un vice de forme. Je ne saurais trop conseiller à Sandrine Berno Dos Santos, ma successeure, de le représenter en conseil municipal. C'est un plébiscite.

15
Des « mariages sous caution », pour que le jour de fête ne soit pas un jour de défaite

Réunion de majorité un lundi soir. Une de nos collègues, adjointe au maire, nous raconte : « *J'ai la boule au ventre quand je célèbre un mariage, et notamment le dernier. Avec les agents de l'état civil, nous nous sommes fait insulter par la famille des mariés debout sur les chaises, tout ça parce qu'ils avaient du retard et qu'ils ne voulaient pas écouter les articles du Code civil.* »

Nous sommes en octobre 2021, c'est le troisième mariage sur les cinq derniers au cours desquels des incivilités ont été commises. C'est fini, on va prendre une décision radicale. « *Pour que cette journée reste la plus belle de votre vie* », un mariage doit être un jour de fête et non de défaite, et aussi pour les élus et le personnel communal. Ce n'est pas au contribuable de payer des heures supplémentaires parce que les mariés sont arrivés en retard, de réparer les dégâts provoqués par les familles ou les amis qui bloquent des rues. Nous sommes donc allés très vite et avons fait voter au conseil municipal suivant un règlement intérieur des mariages avec des mesures chocs. Celui-ci prévoit une jauge limitée à cinquante personnes (contre quatre-vingt-dix-neuf jusque-là) dans la mairie, la présence de deux policiers municipaux équipés de caméras portatives, et surtout une caution de 1 000 € à verser par les futurs mariés. Une somme correspondant à 500 € en cas de dégradation, 400 € pour un retard au-delà de trente minutes et 100 € de frais de ménage, versée en amont et qui pourrait être encaissée.

La mesure fait du bruit et provoque un certain retentissement médiatique. Un certain nombre de maires s'y sont intéressés et une quinzaine de communes en France ont adopté ce type de règlement. Cette charte de bonne conduite en vigueur à Poissy a retenu l'attention de Gérald Darmanin, le ministre de l'Intérieur, au point qu'il a envisagé d'inscrire certaines dispositions dans la législation.

Les effets de cette charte ont été immédiats. Sur les quatre cents mariages célébrés depuis, seuls deux ont mal tourné. Et encore, deux retards forfaitisés et 400 € retenus sur la caution. 99 % des mariés ont récupéré leur chèque, ce qui est bien la preuve que c'est une extrême minorité qui pollue le quotidien d'une très grande majorité de nos administrés. Donc les 1 %, on les attaque au portefeuille.

Ce qui me fait dire que la restauration de l'autorité dans notre pays est une nécessité, et même une attente forte de la quasi-totalité de la population. Tout ce qui se passe à l'extérieur, sur la voie publique, est du domaine du régalien, c'est le boulot de la police nationale. Mais il est intolérable que les incivilités franchissent les portes de la mairie, il est de notre responsabilité de protéger les agents en faisant acte d'autorité.

Je suis un fervent défenseur de la liberté, mais je prône la nécessaire réciprocité entre les droits et les devoirs, indispensable base du bien-vivre ensemble.

16
Un « MéSeine Aval » pour financer notre patrimoine

En mars 2013, avant que je sois élu maire pour la première fois, un mur d'enceinte de la ville de Poissy s'est effondré et au passage a malencontreusement blessé une petite fille. Il a fallu reconstruire ce mur, une somme conséquente qui n'était pas budgétée au départ. Ce qui m'a fait dire que notre territoire avait la chance d'avoir un patrimoine historique et architectural important et qu'il fallait trouver un mode de financement original pour l'entretenir et le faire connaître.

Il existe pourtant une loi récente, celle du 4 août 2008, qui institue des fonds de dotation, sous le titre « *Attirer les financements privés pour des opérations d'intérêt général* ». Les fonds de dotation sont des outils financiers de droit privé, adossés à la collectivité, permettant de collecter des dons d'entreprises qui contribueront à la réalisation de projets culturels et patrimoniaux. Il fallait le savoir, il fallait oser la mettre en place, en mettant tout le monde autour de la table.

C'est ainsi que nous avons créé le fonds de dotation MéSeine Aval, le 6 novembre 2015, entre la Ville de Poissy et l'association Entreprises & Passions regroupant des dirigeants d'entreprises du bassin économique de Poissy. Le président de cette association, Vincent de Louvigny, a parfaitement qualifié cette nouvelle structure « *qui va permettre, ensemble, élus, collectivités locales, entreprises, de contribuer plus encore à mettre en œuvre le patrimoine culturel et historique de notre région. […] Notre territoire, c'est notre quotidien !* ». Je n'aurais pas mieux dit !

Ce fonds de dotation concerne dans un premier temps le territoire de Poissy et, depuis le 1er janvier 2016, l'ensemble de la communauté urbaine Grand Paris Seine et Oise (GPS&O), soixante-treize communes, quatre cent mille habitants le long de la Seine. Les premiers projets soutenus par MéSeine Aval en 2015-2016 : la reconstruction de la Maison de Fer à Poissy, à partir des vestiges d'une maison de villégiature de la fin du XIXe siècle, en kit et tout en métal; la restauration du prieuré royal Saint-Louis de Poissy; la rénovation et la mise en valeur de bâtiments médiévaux, dont vestiges d'un des plus importants monastères français, construit par Philippe le Bel dès la fin du XIIIe siècle; le festival Blues sur Seine, consacré au blues et aux musiques afro-américaines, avec un rayonnement international s'étendant sur l'ensemble du territoire Seine Aval. Dès la première année, nous avons collecté 120 000 € sur ce fonds, le premier en Île-de-France de ce type, avant même celui de la Ville de Paris.

Et à la fin de l'année 2024, c'est la collégiale Notre-Dame de Poissy qui bénéficiera des subsides de MéSeine Aval pour amortir les quelque 8 millions d'euros de rénovation totale de la bâtisse où est né Saint Louis en 1214.

Depuis 2014, les ressources des collectivités locales ont fondu, notamment du fait de la baisse drastique de la dotation globale de fonctionnement versée par l'État. Il faut donc faire preuve d'inventivité et rechercher tout ce qui peut être créateur de richesses ou générateur d'économies. D'où l'intérêt de ce type de partenariat, qui est non seulement gagnant-gagnant sur le plan financier, mais qui est aussi une belle aventure humaine, faite de rencontres entre différents univers qui se retrouvent autour de projets de valorisation du territoire.

17
Des stores déroulants pour rafraîchir les classes

À chaque conseil de classe, les questions étaient du même ordre. Quand réglerez-vous le problème de la climatisation dans les classes ? On surchauffe ! À raison, le corps enseignant et les élèves pâtissent de la hausse des températures. Les climatiseurs dans les écoles, on a déjà essayé. Cela coûte très cher, cela rejette beaucoup de CO_2, pour une efficacité discutable. Nous partons donc du postulat inverse : plutôt que refroidir l'intérieur, essayons de réduire les apports solaires. S'ils ne sont pas protégés, les vitrages peuvent dégrader le confort thermique, car ils exposent les occupants au rayonnement solaire direct, diffusent la chaleur emmagasinée par la paroi et l'empêchent de ressortir. Ainsi, une baie vitrée de 2 m^2 d'une salle de classe exposée au soleil direct produira environ autant de chaleur qu'un radiateur allumé. Il convient donc de bloquer le rayonnement solaire avant que celui-ci ne pénètre dans le bâtiment. Appuyée par le bureau d'études Altarea, la Ville a choisi la solution de stores à enroulement en toile à haute performance qui est apparue comme la plus efficace en termes de qualité et de prix à la suite des simulations thermiques. Nous avons commencé par tester la solution sur une première école maternelle en 2020, en réalisant des mesures pour comparer la température extérieure et la température intérieure : alors que la température extérieure était de 38°, la température intérieure d'une salle non équipée descend à 32° et celle d'une salle équipée tombe à 26,9°, soit un gain de fraîcheur de plus de 5°. La Commune a donc décidé de généraliser en trois ans cette solution sur ses quinze écoles, sur les façades exposées sud et sud-ouest.

Chaque store fourni et posé a coûté à la ville de Poissy environ 1 300 €, soit un coût total de 812 000 € pour les six cent seize stores installés, en incluant le raccordement électrique pour les moteurs. Par rapport à une climatisation, nous avons rentabilisé cette installation au bout de deux ans : une simulation a permis d'estimer que 300 000 kWh d'énergie sont économisés chaque année en ayant choisi les stores motorisés plutôt que la climatisation pour chaque école.

Je suis particulièrement fier de ce choix, qui est une véritable contribution à la transition environnementale et à la lutte contre le réchauffement climatique. Plutôt que de tomber dans la facilité de la clim, nous avons ouvert le dialogue avec nos partenaires de l'Éducation nationale, pris l'attache d'un bureau d'études performant, nous avons mis à plat les résultats et choisi la solution la plus équilibrée. Gagnant-gagnant, comme j'aime à le dire. Et l'homme reste le maître : chaque store a une utilisation indépendante, ce qui permet aux enseignants de rester maîtres des stores dans leur salle de classe et de baisser ou lever les stores de manière rapide, sans avoir à couper leur enseignement. Le choix de l'humain, sans perdre en efficacité : les motorisations retenues permettent une automatisation ultérieure des stores sans nouveaux travaux, via une gestion centralisée à l'échelle du bâtiment, ce qui permettrait de les piloter même pendant les week-ends et les vacances scolaires, afin de les baisser en cas de forte chaleur et de les lever en cas de fortes intempéries (fort vent, tempête).

18
Une aspiration pneumatique pour évacuer les déchets

À Poissy, on fait la chasse aux poids lourds ! Il faut dire qu'il en passe deux mille par jour dans la commune et 70 % d'entre eux sont là pour gagner du temps entre les autoroutes A13 d'un côté et A15 de l'autre. Du bruit, des odeurs et de la pollution ! On peut toujours essayer de dérouter le trafic de transit par des mesures circulatoires, mais on peut aussi s'attaquer au cœur du problème, comme la circulation des bennes à ordures.

Dans le futur écoquartier, quatre-vingts bornes d'apport volontaire étaient prévues, ce qui fait – à raison de quatre collectes par semaine – trois cent vingt passages de camions, que nous avons décidé de réduire sans sacrifier la qualité de service que l'on doit aux habitants. D'où la décision de mettre en place un système de collecte innovant des déchets, fonctionnant par aspiration, dans l'écoquartier Rouget-de-Lisle que nous avons créé.

Ce dispositif est constitué de bornes de collecte installées en rez-de-chaussée de chaque immeuble et rejoignant tout un maillage de conduits en acier enterrés. La collecte des déchets s'effectue une à deux fois par jour et les déchets ainsi collectés traversent les tuyaux de collecte à près de 70 km/h, avant de rejoindre le terminal de traitement de 400 m^2, installé dans l'écoquartier, au cœur d'un bâtiment d'habitations. Les camions sont donc remplacés par des tuyaux enterrés ! On est en plein dans le concept d'écoquartier, on tient le fil.

C'est un investissement substantiel de près de trois millions d'euros, financé à 50 % par la ville de Poissy, et 50 % par la communauté urbaine Grand Paris Seine & Oise (GPS&O), qui est gestionnaire de la collecte des déchets, en collaboration avec Citallios, aménageur du site, et la société Envac, société à l'origine du système d'aspiration.

Vous l'avez compris, j'ai un faible pour ce type d'initiative positive, menée de concert entre entreprises privées et collectivités locales, avec le plus souvent la participation des citoyens, qui sont de plus en plus écoresponsables et impliqués. Au printemps 2021, une concertation numérique a permis de définir avec les Pisciacais les usages du futur poumon vert de l'écoquartier. Depuis, le futur quartier fait l'objet d'une information et d'une écoute permanentes des riverains et des habitants à travers la Maison du projet. Écologique et novatrice, cette maison en bois accueille les permanences, conférences, expositions sur l'écoquartier, à proximité direct des chantiers. Sans oublier un autre pilier du développement durable, le cercle vertueux de l'économie locale. La Ville a signé en novembre 2018 une charte engageant les différents acteurs de l'opération à contractualiser au moins 20 % de leurs dépenses avec des entreprises implantées dans un périmètre de quarante kilomètres.

19
Une galerie souterraine pour embellir la ville

La réunion hebdomadaire des chefs de service touche à sa fin ce lundi d'hiver 2015. Les conditions météo sont délétères, nous en sommes à deux semaines de pluie ininterrompue. J'en viens à partager avec mes collègues : « *La seule bonne nouvelle, c'est que la cuve de récupération des eaux de pluie de mon domicile va nous permettre de faire de grandes économies sur les lessives et les futurs arrosages, et pendant un paquet de temps !*

— *Mais, monsieur le maire, vous savez que nous avons une source souterraine qui traverse la ville, que nous pourrions exploiter pour la propreté urbaine, arroser nos plantes et tous nos véhicules municipaux !* »

Voilà, voilà, la galerie aux moines sortait de sa retraite, neuf siècles après sa naissance… et à quelques semaines de la Conférence internationale sur le climat (COP 21) à Paris. Un marqueur fort dans l'Agenda 21.

La source provient de la ville voisine de Chambourcy et traverse une partie de Poissy. Elle servait à alimenter un lavoir, situé à quelques mètres de l'enceinte de la maison centrale, et alimentait en eau potable une partie du vieux Poissy. Les origines de cette galerie aux moines remontent au XIIe siècle, un siècle de renaissance…

Ce nouveau point de captage d'eau, désormais impropre à la consommation (trop de nitrates), permet depuis de faire économiser près de 30 000 € par an à la ville. C'est aussi un gain de temps d'approvisionnement pour les équipes en charge de la propreté urbaine.

Mais l'ouvrage a fait des petits dans toute la ville. Au parc Meissonier, enceinte municipale, une cuve enterrée de 6 000 m^3 recueille les eaux des sources, utilisées pour l'arrosage des espaces verts. Il y a de quoi faire, la superficie de la cité Saint-Louis est de 13 km^2…

Plusieurs cuves de récupération des eaux de pluie ont aussi été installées sur certains sites municipaux : à l'école Robert-Fournier, deux cuves de 3 m^3 chacune existent pour l'arrosage des espaces verts ; au cœur du quartier Clos d'Arcy, c'est une cuve de 30 m^3 qui permet d'arroser les jardins. Une cuve de même taille a été installée au stade Léo-Lagrange pour l'arrosage des jardins familiaux. Au centre technique municipal, ce sont deux cuves de 60 et 10 m^3 qui permettent notamment de nettoyer les véhicules de la flotte municipale.

Voilà une réalisation concrète de l'utilisation raisonnée des ressources naturelles. Pour une ville belle et propre. 200 000 € de fonctionnement qui ne prennent pas l'eau chaque année ! Il n'y a pas de petites économies !

20
Des puits de carbone pour dépolluer et respirer mieux

Poissy commence à être connue pour être une ville-laboratoire dans laquelle on peut tout essayer ou presque. Pas surprenant que l'entreprise Suez nous ait proposé de mettre en place chez nous le premier puits de carbone de France en 2018. En quoi cela consiste-t-il ? Innovation pour lutter contre la pollution atmosphérique et le réchauffement climatique, son principe utilise des micro-algues et la photosynthèse pour purifier l'air. Le démonstrateur urbain prend la forme d'une colonne remplie d'eau dans laquelle des microalgues sont mises en culture. Ce dispositif a la capacité de fixer le CO_2 et d'autres polluants atmosphériques tels que les particules fines ou encore le dioxyde d'azote. Au sein du puits, les microalgues, éclairées en continu, se multiplient et forment ainsi une biomasse qui est évacuée via le réseau d'assainissement jusqu'à la station d'épuration. Au sein de celle-ci, cette biomasse peut être valorisée en énergie verte, le biométhane. C'est un peu technique, mais c'est bigrement intéressant. Nous avons donc accepté de l'installer près de la gare du RER, avenue Maurice-Berteaux, un lieu où la circulation est dense. Intégré dans un mobilier urbain, il ne détonne pas dans le paysage.

Trois raisons m'ont poussé à accepter ce projet : 1. Il est utile. 2. Il n'existait pas avant. 3. Il apporte sa contribution à la transition écologique.

Certains montent des partenariats publics-privés en France. Nous avons, une fois de plus, conclu un partenariat privé-public avec une entreprise innovante et proche des collectivités territoriales, avec qui nous partageons les mêmes valeurs : agir concrètement pour la qualité de vie, au service de l'économie circulaire et de la préservation des ressources des territoires. L'entreprise trouve avec la Ville de Poissy un partenaire qui n'attend pas tout de l'État et qui sait accompagner et valoriser une démarche innovante.

Et cela ne s'est pas arrêté là : un autre puits de carbone avec Suez a été installé dans la cour de l'école Victor-Hugo en 2021, dans le cadre d'un appel à projets de la Région Île-de-France. Une première en France. Avec une dimension didactique et pédagogique, mais surtout très efficace pour les élèves, avec la diffusion d'une bulle d'air pur qui se propage dans la cour. 75 % de nos écoliers respireraient de l'air pollué en Île-de-France. La présidente Valérie Pécresse a tenu à l'inaugurer personnellement.

Améliorer la qualité de l'air tout en générant de l'énergie verte, voilà la vocation du puits de carbone. C'est une nouvelle étape dans notre contribution à la lutte contre le réchauffement climatique. Je suis totalement opposé à l'écologie punitive, comme elle se pratique dans certaines communes que je ne nommerai pas : le combat pour l'environnement doit être joyeux, enthousiaste et communicatif ! Ce puits de carbone est un totem dédié à la qualité de l'air et au climat, posé au cœur de notre ville.

Il dispose par ailleurs de petites fenêtres pour scruter son processus : ce qui en fait un outil pédagogique pour les jeunes et les moins jeunes. Ainsi, il contribue à l'amélioration du cadre de vie et à la qualité du bien-vivre ensemble.

Conclusion générale

« *Il faut arrêter d'emmerder les Français* », disait Georges Pompidou à un jeune technocrate de son entourage qui avait pour nom Jacques Chirac. Et il avait raison, Georges Pompidou, dont nous avons commémoré cette année le cinquantième anniversaire de la disparition. Mais il n'a pas été entendu. En cinquante ans, la technostructure a tendu sa toile d'araignée sur le pays et paralysé nombre d'initiatives destinées à faire bouger la France.

On a l'habitude en France de tout attendre de l'échelon supérieur, et en particulier de l'échelon suprême, l'État. Paradoxalement, nos Gaulois réfractaires deviennent des

Romains disciplinés, pour ne pas dire serviles, quand il s'agit de bénéficier de subsides publics, d'avantages acquis, d'aides en tout genre que nous octroie l'État-providence. Aujourd'hui, il n'a plus rien à distribuer, la dette publique étant devenue abyssale et le niveau de prélèvement un des plus élevés au monde. L'État se rattrape donc en multipliant les normes incompréhensibles, les réglementations inapplicables, voire les décisions absurdes et prises sans concertation. Empêché d'exercer son pouvoir régalien – police, justice, sécurité intérieure et extérieure –, l'État central qu'il a enfanté réglemente, encadre, enferme, étouffe toutes les initiatives qui viennent du terrain ou qui se veulent de bon sens.

Pour faire boucher un trou sur un trottoir de ma ville, je dois passer par la communauté urbaine, qui mettra cinq fois plus de temps qu'un cantonnier municipal pour réparer les dégâts. C'est la règle absurde du transfert de compétences. La conséquence des lois NOTRe et Maptam qui se sont succédé tellement vite qu'elles en viennent à se contredire.

J'ai multiplié les exemples dans cet ouvrage. Finalement, nous sommes prisonniers d'un enchevêtrement de décisions absurdes et de réglementations inapplicables. Étouffant. Décourageant. Plombant. Et c'est toute l'organisation française qui en pâtit et tout un pays qui se raidit et se bloque. L'enthousiasme et la bonne volonté s'émoussent devant les obstacles toujours plus hauts et plus nombreux, face à une montée de l'individualisme, à l'hystérisation des relations humaines et à la radicalisation des postures.

Quarante-cinq : c'est le nombre annuel de suicides dans la police, un taux supérieur de 50 % à la moyenne française. Face au manque de moyens – même si la barre a été très nettement redressée –, à l'impunité croissante des délinquants, au retard à l'allumage de la chaîne pénale, les policiers de terrain baissent les bras, démissionnent ou commettent le geste fatal.

Mille six cents : c'est le nombre – sans précédent – de démissions de maires depuis 2020, pour cause de responsabilités excessives, de moyens insuffisants et de l'agressivité physique et verbale croissante.

L'encadrement associatif et le bénévolat s'effritent année après année, passés de 25 % en 2012 à 20 % en 2022, avec un engagement plus ponctuel et moins durable.

Depuis 2006, le nombre d'expatriés annuel a augmenté de 69 %, essentiellement des personnes diplômées (opportunité d'emploi, rémunération plus élevée, progression sociale). Une véritable hémorragie.

Malgré cela, sur le terrain, les collectivités territoriales, associées aux entreprises, aux associations et aux citoyens, se démultiplient pour trouver des solutions, des marges de manœuvre, faire avancer les projets, produire des résultats.

Malgré la baisse des dotations d'État et la raréfaction de leurs ressources, les collectivités territoriales financent 73 % de l'investissement public en France. C'est énorme et c'est vital pour le tissu industriel et artisanal local. Le CAC 40, c'est beau, mais c'est loin, pour paraphraser le même Jacques Chirac. La France compte quatre millions de PME, dont 90 % sont des microentreprises, l'ensemble faisant vivre six millions et demi de salariés. Beaucoup d'entre elles n'arrivent pas à accéder à la commande publique locale, parce que les procédures sont trop complexes, trop rébarbatives, trop décourageantes. Je dirais donc « *Laissez-les vivre !* », pour reprendre un slogan publicitaire des années 1970 concernant les espèces animales en voie de disparition. Messieurs les technocrates de Bercy et d'ailleurs, allégez les procédures de marché public, ouvrez-les aux entreprises de proximité, protégez l'emploi local. En un mot, faites confiance aux maires, qui sont les gardiens du cercle vertueux de l'économie locale.

Confiance. C'est la clé. C'était le fondement des lois Defferre de décentralisation votées en 1982. Acte I de la décentralisation. L'appareil d'État supprimait son mode de contrôle a priori de l'action des élus locaux et devait faire confiance aux collectivités locales pour agir sur leur territoire dans leurs domaines de compétence. Une révolution pour notre État jacobin. Une grande bouffée d'oxygène pour les régions et les villes de France jusque-là écrasées par la toute-puissance du centralisme parisien.

Mais la pièce a tourné court et l'acte II de la décentralisation n'a jamais vraiment été joué. Les habitudes ont la dent dure et la technostructure a petit à petit grignoté le système pour retrouver ses prérogatives perdues au profit des élus locaux, considérés par la caste au pouvoir comme incompétents, dispendieux, voire malhonnêtes. Petit à petit, la décentralisation s'est transformée en déconcentration. Elle se caractérise par le pouvoir de décision transféré à des agents de l'État répartis sur l'ensemble du territoire, agents qui sont nommés par le pouvoir central, soumis à son autorité hiérarchique et responsables devant lui : « *C'est toujours le même marteau qui frappe, mais on en a seulement raccourci le manche* », disait le président du Conseil Odilon Barrot, déjà en 1852.

Confiance. C'est le mot-clé des relations entre les élus locaux et l'autorité préfectorale. J'ai eu la chance à Poissy, pour mener à bien mon projet de ville, de travailler avec des préfets facilitateurs, qui m'ont fait confiance. Mieux encore, ils m'ont aidé et soutenu dans mes initiatives. Mais les préfets eux-mêmes sont dépassés par d'autres autorités incontrôlables, dont on ne sait qui les nomme et qui les dirige. Souvent cachées par des sigles opaques, telle la MRAe, parfois avec un nom explicite : la police de l'eau !

Beaucoup plus féroce que la police nationale, et pas du tout au service des élus locaux. Bien au contraire !

Pour bouger la France, il faut restaurer un pacte de confiance. Un contrat gagnant-gagnant avec l'État, qui doit asseoir à nouveau son autorité et faire confiance à ses relais dans le pays (corps intermédiaires, collectivités, entreprises, associations), lesquels ont d'abord besoin de liberté d'action. L'État est surendetté ? Qu'il se reconcentre sur le régalien et on s'occupe du reste !

« *On n'est pas K.-O. !* », c'est juste cela : faire confiance aux forces vives de ce pays, et Dieu sait si elles sont nombreuses, motivées et déterminées à agir.

Mais la confiance doit être assortie d'une simplification des « règles du jeu » à travers un lâcher-prise des pouvoirs publics :

– Réduction et simplification des règles : les quatre cent mille normes doivent être toilettées et en partie supprimées pour redonner de l'air au système. Et que l'on n'accuse pas toujours Bruxelles : la technostructure parisienne a le chic pour ajouter des normes aux règles et des règles aux normes.

– Affirmation du droit à la différenciation : les expérimentations doivent pouvoir se faire librement dans les collectivités avec le droit de se tromper et la possibilité d'être pérennisées et étendues si elles sont réussies.

– Rétablissement du cumul des fonctions entre une fonction parlementaire et un mandat exécutif local. On a besoin de députés-maires ou de députés adjoints au maire à l'Assemblée nationale, et pas seulement pour lever la main. La réserve parlementaire, qui permettait au parlementaire de soutenir financièrement des projets municipaux ou associatifs d'intérêt local, doit être reconstituée, quitte à ce qu'elle soit plus encadrée.

– Allègement du principe de précaution, qui paralyse l'action publique et doit être repensé afin de libérer les énergies. On ne peut pas continuer à ouvrir le parapluie à tous les étages. Chacun doit prendre ses responsabilités.

La réussite à l'été 2024 des Jeux olympiques puis paralympiques de Paris doit être un révélateur pour la construction de notre avenir. Que n'avait-on pas dit sur l'impréparation matérielle, sur les risques d'attentat, sur la gigantesque pagaille que ça allait générer. Et on a vu le meilleur de la France : une organisation irréprochable, des prises de risque calculées et assumées, un enthousiasme populaire indéfectible, une multitude d'exploits et de médailles. Une sécurité exceptionnelle liée à un engagement exemplaire et total de nos forces, lesquelles n'ont pas hésité à « s'asseoir » sur tous leurs congés d'été ! Respect.

La France que l'on aime, la France qui gagne. Un travail collectif et des exploits individuels. « *On n'est pas K.-O. !* » Parce que nous avons le plus beau pays du monde, le plus ingénieux, le plus imprévisible. Un pays que tout le monde aime et qui oublie trop souvent de s'aimer. Mon pays adoré. La France.

Remerciements

Je tiens à remercier mon éditrice, Lise Boëll, pour sa confiance et sa réactivité. Et Estelle Cerutti pour sa bienveillance et Margaux Russo pour sa disponibilité tôt le matin.

Je veux saluer mon complice Pierre Prévôt-Leygonie, prêt à bondir quand il s'agit de parler de la France.

Je veux dire mon infini respect aux habitants de Poissy et de la 12ᵉ circonscription des Yvelines. Nos échanges quotidiens façonnent mon engagement depuis le premier jour.

Je pense à Lise Gilles, ma proviseure au lycée Le Corbusier de Poissy en 1986, qui a changé mon orientation comme elle a changé ma vie. « *Continuez à aimer les gens, ça ne s'apprend pas dans le dictionnaire !* » Merci, Madame.

Enfin, je ne remercierai jamais assez mes murs porteurs, Céline, mon épouse, Kentin, Hugo et Paco, nos enfants, mes premiers supporters. Trop souvent injustes dégâts collatéraux d'un mari et d'un père exposé.

Cet ouvrage a été imprimé en France par
CPI Bussière
Z.I. rue Pelletier Doisy
18200 Saint-Amand-Montrond (France)

pour le compte des Éditions Fayard
13 rue du Montparnasse, 75006 Paris
info-fayard@editions-fayard.fr
en janvier 2025

Composition réalisée par
Belle Page

PAPIER CERTIFIÉ

fayard s'engage pour l'environnement en réduisant l'empreinte carbone de ses livres. Celle de cet exemplaire est de :
650 g éq. CO_2
Rendez-vous sur
www.fayard-durable.fr

N° d'édition : 36-6087-6/01 - N° d'impression : 2082538